www.ingramcontent.com/pod-product-compliance
Lightning Source LLC
LaVergne TN
LVHW010227070526
838199LV00062B/4755
9789358723885

اردو افسانہ: ایک مکالمہ

(تنقیدی مضامین)

مشرف عالم ذوقی

© Musharraf Alam Zauqi

Urdu Afsana : Aik Mukaalama (Essays)

by: Musharraf Alam Zauqi

Edition: March '2024

Publisher :

Taemeer Publications LLC (Michigan, USA / Hyderabad, India)

ISBN 978-93-5872-388-5

9 789358 723885

مصنف یا ناشر کی پیشگی اجازت کے بغیر اس کتاب کا کوئی بھی حصہ کسی بھی شکل میں بشمول ویب سائٹ پر اَپ لوڈنگ کے لیے استعمال نہ کیا جائے۔ نیز اس کتاب پر کسی بھی قسم کے تنازع کو نمٹانے کا اختیار صرف حیدرآباد (تلنگانہ) کی عدلیہ کو ہو گا۔

© مشرف عالم ذوقی

کتاب	:	**اردو افسانہ : ایک مکالمہ** (مضامین)
مصنف	:	**مشرف عالم ذوقی**
پروف ریڈنگ / تدوین	:	اعجاز عبید
صنف	:	غیر افسانوی نثر
ناشر	:	تعمیر پبلی کیشنز (حیدرآباد، انڈیا)
سالِ اشاعت	:	۲۰۲۴ء
صفحات	:	۱۴۶
سرورق ڈیزائن	:	تعمیر ویب ڈیزائن

فہرست

	آبِ روانِ کبیر	6
(۱)	اردو کہانی: ایک نیا مکالمہ	10
(۲)	اردو فکشن۔۔۔ تیس برس ایک کالی رات کے نرغے میں	27
(۳)	عالمی مسائل اور ہماری کہانیاں	45
(۴)	ارد فکشن کا باتھ ٹب	61
(۵)	جدید حقیقت نگاری بنام آج کی اردو کہانیاں	71
(۶)	اردو افسانوں کی نئی دنیا	95
(۷)	کیا ۱۹۸۰ء کے بعد کہانی نہیں لکھی گئی؟	112
(۸)	فرقہ واریت: کچھ شیڈس	123
(۹)	کچھ باتیں نئی کہانی کے حوالے سے	139

آبِ روانِ کبیر
دو لفظ اس کتاب کے تعلق سے

آبِ روانِ کبیر تیرے کنارے کوئی
دیکھ رہا ہے کسی اور زمانے کا خواب
—اقبال

فکشن اور نیا مکالمہ:

زمانہ بدلتا ہے
ہم بدل جاتے ہیں
کہانیاں بدل جاتی ہیں
جو کہانیاں بدل جاتی ہیں
ہم ان کے بارے میں گفتگو کرتے ہیں
گفتگو سے اختلاف، انحراف اور انکار کی راہیں پھوٹتی ہیں
ہر بار ہم خیال کی باریک رسی پر چلتے ہوئے
ایک نیا نظریہ سامنے رکھ دیتے ہیں
نیا نظریہ، پہلے کے نظریے کو Reject کرتا ہے

ہم قبول و ناقبول نظریے کو لے کر بھی گفتگو کرتے ہیں

☆☆

ہم ہر بار مکالمہ کرنا چاہتے ہیں
ہم ہر بار ایک نیا مکالمہ سامنے رکھنا چاہتے ہیں
ہم ہر بار زندہ رکھنا چاہتے ہیں خود کو
مگر اچانک
کہانیاں خاموش ہو جاتی ہیں
مکالمے سناٹے میں ڈوب جاتے ہیں
لکھنے والا گم ہو جاتا ہے

ہم ہمیشہ سے خوف فہمیوں کے جنگل میں رہے ہیں
ہم ایک بار پھر کہانیاں تلاش کرتے ہیں
اور کہانیاں لکھنے والے کو بھی /
ہم ایک بار پھر سوئے ہوئے مکالمے کو آواز دیتے ہیں /
اس لیے کہ بہر حال
ہم زندہ رکھنا چاہتے ہیں خود کو

☆☆

صاحب، میں نقاد نہیں اور نہ ہی مکتب تنقید کے بنیادی نکتوں سے آگاہ—لکھنا شروع کیا تو اس بات کی بھی آگاہی ہوئی کہ صرف لکھنا ہی کافی نہیں ہے۔ آپ کے

نظریات کی بھی قارئین تک رسائی ہونی چاہئے۔ پھر یہ سلسلہ چل نکلا— تخلیق کے ساتھ ساتھ مضامین قلم بند کرنے کا، میرا نقطۂ نظر واضح تھا کہ میں رموز کائنات اور اسرار افسانہ کو سمجھنے کی مہم پر نکلا ہوا ایک ادنیٰ سا مسافر ہوں۔ اس درمیان کوئی ۴۰۰ سے زائد مضامین لکھے ہوں گے —کئی بھولے بسرے رسائل میں کھو گئے اور کچھ جو پاس ہیں انہیں الگ الگ موضوعات کے تحت کتابی شکل میں لانے کا ارادہ ہے۔ میں نے اردو فکشن اور اردو ناول کے حوالہ سے بہت کچھ لکھا ہے۔ آبِ روان کبیر میں زیادہ تر مضامین افسانے کے سلسلے میں ہیں —اس کے بعد جلد ہی ناول پر تحریر کردہ مضامین کی کتاب آئے گی۔ یہ کتاب بھی تیار ہے۔ فکشن کی کتاب کو جب عنوان سے سجانے کا مرحلہ آیا تو میرے پاس اقبال کے اس شعر سے زیادہ موزوں کوئی عنوان نہ تھا۔ یعنی آبِ روان کبیر —میں عرض کردوں کہ میں نے یہ عنوان کیوں رکھا۔ پہلے اس تصویر کو دیکھیے۔

آبِ روان کبیر تیرے کنارے کوئی
دیکھ رہا ہے کسی اور زمانے کا خواب

تو صاحب ادب ایک بحر ذخار ہے۔ میں اس آب روان کبیر کے کنارے کھڑا ہوں اور افسانے یا ادب کے رموز کو سمجھنے کی کوشش کر رہا ہوں۔ لیکن یہاں میرا حال اس شخص کی طرح نہیں ہے جو زمانہ جاہلیت میں اپنے ہاتھوں پر شیر کی تصویر بنانے آیا تھا۔ سوئی گرم ہوئی۔ ہاتھوں پر سوئی رکھی گئی تو وہ چیخا۔ کیا کرتے ہو۔ جواب ملا۔ شیر کی دم بنا رہا ہوں — شخص نے کہا۔ دم کے بغیر بھی تو تصویر بن سکتی ہے۔ چلیے صاحب۔ سوئی پھر گرم ہوئی۔ پھر چیخ ابھری۔ اب کیا کرتے ہو۔ جواب ملا۔ اب شیر کے کان بنائے جارہے

ہیں۔ چیخ کر کہا گیا کہ کانوں کے بغیر بھی توشیر کی تصویر بن سکتی ہے۔ ادب کے نقاد دراصل یہی کر رہے تھے۔ ادب غائب تھا اور مضامین لکھنے کا سلسلہ جاری تھا۔ افسانے پڑھے ہی نہیں جا رہے تھے اور افسانوں پر نصابی اور تکنیکی نوعیت کے مضامین سامنے آ رہے تھے۔ ایک دوسری حکایت کا سہارا لوں تو معاملہ کچھ کچھ پانچ اندھے اور ہاتھی کی شناخت کا تھا۔ میں یہ کہہ سکتا ہوں کہ یہاں ان مضامین میں اختلاف کی گنجائش تو ہے مگر یہ مضامین مغرب کی روشنی میں نہیں لکھے گئے۔ یہاں جو بھی خیال یا فلسفہ در آیا ہے، وہ میری ذاتی فکر کا حصہ ہے۔ اس لیے انکار و انحراف کے راستے کھلے ہیں۔ میں ابھی بھی ادب کا معمولی سا طالب علم ہوں اور ابھی بھی ادب کو مسلسل سمجھنے کے پل صراط سے گزر رہا ہوں۔

مشرف عالم ذوقی

☆☆

اردو کہانی: ایک نیا مکالمہ

ادب کے لیے مکالمہ ضروری ہے۔ مکالمہ خاموش ہو جائے تو ادب سو جاتا ہے یا ادب گم ہو جاتا ہے—تشویش کی بات یہ تھی کہ لکھنے والے چند ہی سہی، لیکن عصا ٹیکتے ٹیکتے دنیا جہان کی بکھری ہوئی کہانیاں لے کر قارئین کی خدمت میں حاضر تو ہو ہی جاتے تھے، لیکن فکشن کے مکالمے سونے لگے تھے—فکشن کی تنقید گم ہو گئی تھی—

تنقید، ادب کا محاسبہ ہی نہیں بلکہ محاصرہ بھی کرتی ہے۔ سمت کی نشاندہی کرتی ہے—یہ اور بات ہے کہ پچھلی کچھ دہائیوں سے ہمارے نقاد اپنا منصب، اپنا رتبہ بھول گئے تھے۔ یار دوستوں کی ٹولیاں تھیں—احباب پر جان نچھاور کرنے کے وعدے تھے—اور ادب پر احسان جتانے والے تنقیدی مضامین تھے—

سچائی یہ ہے کہ اردو افسانے کے آغاز سے ہی مکالمے کی ایک خوبصورت فضا بن گئی تھی۔ پہلا افسانہ کون؟ اس پر بھی بحث و مباحثہ کے دفتر کھلے۔ کسی نے پریم چند کے حق میں ووٹ کیا تو کسی نے 'گزرا ہوا زمانہ' کو اردو کا پہلا افسانہ قرار دیا۔ یہاں تک کہ اردو افسانے کے آغاز کو ہی اردو افسانہ کا زوال بھی ٹھہرا یا گیا۔ بقول انتظار حسین، اردو افسانے کا زوال تو پریم چند سے ہی شروع ہو چکا تھا۔

یہ ایک دلچسپ اور فکر انگیز مکالمہ تھا۔ گگول کا افسانہ اوور کوٹ، ۱۹۴۲ء میں تحریر کیا جا چکا تھا۔ ایڈگر ایلن پو کے، نئے انداز و اسلوب کے افسانے سامنے آ چکے تھے۔ ممکن ہے ان افسانوں کی روشنی میں، سر سید احمد خاں کو گزرا ہوا زمانہ لکھنے کی تحریک ملی ہو۔ گزرا

ہوا زمانہ کے ویزوول (Visual) آج بھی ہمیں چونکانے کے لیے کافی ہیں — اردو فکشن کی تنقید لکھنے والوں کا ایک بڑا طبقہ گزرا ہوا زمانہ کو سرے سے کہانی ہی تسلیم نہیں کرتا۔ میرے خیال میں اسے اردو کی پہلی کہانی نہ ماننا سرسید کے ساتھ زیادتی ہے۔ گزرا ہوا زمانہ میں وہ سب کچھ ہے، جس کی ایک خوبصورت، معیاری اور بلند پایہ افسانہ سے امید کی جا سکتی ہے۔ سرسید نے گزرا ہوا زمانہ لکھتے وقت جس چیز پر سب سے زیادہ زور دیا، وہ تھا ایک خاص طرح کا سسپینس اور ایک انوکھی ڈرامائی لہر — بوڑھا اپنے گزرے ہوئے زمانے کو یاد کرتا ہے۔ وہ زمانہ، جس میں اس نے اپنا سب کچھ لٹا دیا ہے — صرف کھویا ہی کھویا ہے۔ زندگی کا حاصل کچھ بھی نہیں۔ باہر بارش ہو رہی ہے۔ بجلی کڑکتی ہے۔ بوڑھے کی زندگی پر لمبی اور بوڑھی رات کی چادر تن چکی ہے — اور یہاں سے ڈرامہ ایک نیا موڑ لیتا ہے۔ ایک بجلی چمکتی ہے اور وہ کمرے میں خاموشی سے داخل ہوئی نیکی کو دیکھتا ہے —

"پوچھا، تم کون ہو؟"

"وہ بولی: میں ہمیشہ زندہ رہنے والی نیکی ہوں —"

اس نے پوچھا: تمہاری تسخیر کا بھی کوئی عمل ہے؟

جواب ملا: نہایت آسان پر مشکل —

اور یہ کہانی کا ٹرننگ پوائنٹ ہے —

بوڑھے کے کانوں میں میٹھی میٹھی باتوں کی آواز آنے لگتی ہے۔ اس کی پیاری ماں اس کے پاس کھڑی ہے — اس کا باپ اس کو دکھائی دیا — تب وہ لڑکا جاگا اور سمجھا کہ اس نے خواب دیکھا ہے اور خواب میں ہی بوڑھا ہو گیا تھا۔

قاعدے سے دیکھا جائے، تو اس پہلے افسانے میں، بعد کے ترقی یافتہ انسانوں سے بڑھ کر خوبیاں موجود تھیں۔ یہ سچ ہے کہ اصلاح پسندی اس کہانی کا حاصل ہے مگر کہانی کی

ڈرامائی کیفیت ایسی ہے کہ سن ۱۹۰۰ء کے بعد لکھے جانے والے افسانوں میں بھی یہ کیفیت نہ پیدا ہو سکی—راشد الخیری اور سجاد حیدر یلدرم کے افسانے نے، جنہیں بعد میں نقادوں نے اپنی اپنی سطح پر اردو کی پہلی کہانی کے طور پر دیکھا، پرکھا اور جائزہ لیا، بھی اس ڈرامائی کیفیت سے نہ گزر سکے، جس پل صراط سے، کامیابی کے ساتھ سرسید گزر آئے۔

مجھے اس تجزیہ کے لیے معاف کیجئے گا کہ شروعاتی دور میں، اگر سرسید کا ذکر چھوڑ دیا جائے اور سن ۱۹۰۰ء کے بعد کی اردو کہانیوں کے بارے میں غور کیا جائے تو کئی بے حد دلچسپ اور چونکانے والے حقائق سامنے آتے ہیں—اور مجھے انتظار حسین سے الگ، اپنی گفتگو شروع کرنی ہو گی کہ کہانی اپنی پیدائش کے ساتھ ہی اپنے عروج کو پہنچ گئی تھی— حیرت انگیز طور پر اس عہد کی کہانیاں دیکھئے تو دو طرح کی کہانیاں سامنے آ رہی تھیں۔
یا تو بہت روایتی قسم کی کہانیاں، کہ اردو کہانی جنم لینے کے مرحلے میں تھی۔
اور یا تو—خیالات کی سطح پر اتنی بلند اور مکمل کہانیاں کہ مجھے لگتا ہے، ابھی بھی صحیح طور پر یہ کہانیاں تجزیے کے عمل سے نہیں گزر سکی ہیں۔

فی الحال اس گفتگو سے آگے نکلتے ہیں کہ پہلی کہانی سجاد حیدر یلدرم کی 'دوست کا خط' تھی۔ راشد الخیری کی نصیر اور خدیجہ یا پھر پریم چند کی، دنیا کا سب سے انمول رتن، تھی— مجموعی بحث اس بات سے شروع ہوتی ہے کہ آیا کس افسانہ کو افسانہ تسلیم کیا جائے—اور کسے نہیں۔ کیونکہ سن اور تاریخ کے اعتبار سے دیکھئے تو، گزرا ہوا زمانہ، کو ہم آسانی سے پہلی کہانی تسلیم کر لیتے ہیں—لیکن نقاد فکشن کی پیدائش پر، اپنی اپنی سطح پر پہلی کہانی کا سراغ لگانے میں لگے تھے۔

مرزا حامد بیگ نے اپنے تحقیقی مقالہ میں تاریخی اعتبار سے ان کہانیوں کا تعین کچھ اس طرح کیا ہے:

- نصیر-خدیجہ	راشد الخیری	مطبوعہ مخزن	دسمبر ۱۹۰۳ء
- بدنصیب کا عمل	راشد الخیری	,, مخزن	اگست ۱۹۰۵ء
- دوست کا خط	سجاد حیدر یلدرم	,, مخزن	اکتوبر ۱۹۰۶ء
- غربت وطن	سجاد حیدر یلدرم	,, اردوئے معلی	اکتوبر ۱۹۰۶ء
- نابینا بیوی	سلطان حیدر یلدرم	,, مخزن	دسمبر ۱۹۰۷ء
- عشق اور دنیا	پریم چند	,, زمانہ	اپریل ۱۹۰۸ء

ان کہانیوں میں راشد الخیری کی کہانیوں کو کسی حد تک کمزور کہا جا سکتا ہے۔ نصیر اور خدیجہ کہانی کم، ایک بہن کا بھائی کو لکھا ہوا ذاتی خط زیادہ معلوم ہوتا ہے۔ کہانی کی مجموعی فضا میں درد و غم کی وہی کیفیت موجود ہے، جو عام طور پر بس خط میں ہی تحریر ہو سکتی ہے۔ ممکن ہے، یہ کوئی خط ہی ہو، جسے بعد میں افسانہ مان لیا گیا— مصورِ غم کہلانے والے راشد الخیری کا یہ خط کچھ اس قدر ذاتی نوعیت کا ہے کہ اسے پہلا افسانہ کسی بھی طور قرار نہیں دیا جا سکتا۔ اس کے برعکس سجاد حیدر یلدرم کے افسانہ 'دوست کے خط' میں جدیدیت کے وہی عناصر موجود ہیں، جو کچھ زمانہ قبل ایڈگر ایلن پو کی تخلیقات میں موجود تھے۔ یہ کہنا غلط نہ ہوگا کہ اس وقت کے زیادہ تر ادیبوں کے لیے پو مشعل راہ بنا ہوا تھا۔ یہ وہ عہد تھا جب پو کا اسلوب، مقبولیت کے حصار توڑتا ہوا آسمان تک پھیل گیا تھا۔ نئی کہانی کا مارا ہر عاشق اس کے انداز کا دلدادہ تھا اور پو کی نقل کرنا چاہتا تھا۔ دوست کے خط میں یلدرم نے فنّی چابکدستی سے دوست کے خط کو، امتحان جیسے نمبر دینے کا بیڑا اٹھایا ہے۔ "سو میں کتنے نمبر ملتے ہیں" کا پرچہ ہر بار ۱۰۰ سے آگے بڑھ جاتا ہے۔ اور آخر میں تو جذباتی وابستگی اور والہانہ پن کچھ یوں امڈ تا ہے کہ دوست کے خط کو ۱۰۰ میں سے ۱۰۰۰ نمبر دینے پر مصنف

مجبور ہو جاتا ہے۔

اس مختصر سے خط میں ندرت خیال بھی ہے۔ فنکاری بھی، تخلیقی اڑان بھی ہے اور اردو کہانی کی کمند کو آسمان پر ڈالنے کی ایک کوشش بھی—

اس لیے شروعاتی دور کے فنکاروں میں مجھے سجاد حیدر یلدرم اس لیے بھی پسند ہیں کہ یلدرم کی آنکھیں دور تک دیکھتی تھیں۔ دور تک نشانہ سادھتی تھیں — جیسے یلدرم کی ایک کہانی ہے۔ چڑیا چڑے کی کہانی — سن اشاعت ۰۵-۱۹۰۳ء کے آس پاس۔ اسے بھی اردو کے شروعاتی افسانوں میں سے ایک تصور کرنا چاہئے۔ کیسی پیاری کہانی ہے۔ چڑیے چڑیوں کا سنسار ہے، گھونسلہ ہے۔ اُنہی کی باتیں ہیں اور ہماری زندگی — اور حیران ہوئیے کہ یہ اردو کی شروعاتی کہانیوں میں سے ایک ہے — اور ایک صدی گزار کر ہمارے انتظار حسین جب 'ہم نوالہ' لکھتے ہیں تو بالکل چڑیے چڑیوں کے انداز میں اڑ کر یلدرم کے گھونسلے تک جا پہنچتے ہیں۔ وہی انسان کی دردمندی — یہ کتھا، یلدرم کے خزانے میں ہے اور انتظار کے قصے میں بھی — دونوں طرف انسانیت کو چھو لینے کی خواہش ایک جیسی اور فرق صدیوں کا —

اس لیے یہ سمجھا جانا صحیح ہے کہ اردو افسانہ آغاز میں ہی مغرب کی پیروی کرتا ہوا اپنے نئے آسمانوں کی تلاش میں نکل گیا تھا۔

گفتگو پریم چند پر بھی ہو سکتی ہے۔ لیکن یہاں پہلی کہانی کے موضوع پر بحث نہیں ہے — اور پریم چند کی کہانی کے بارے میں پہلے بھی اتنی ڈھیر ساری بحثیں ہو چکی ہیں کہ اُنہیں نئے سرے سے چھیڑنا مناسب نہیں ہے۔ عام خیال ہے کہ پریم چند نے اپنی کہانی کو، پہلی کہانی کے بطور پیش کرنے کا پروپیگنڈہ کیا تھا۔ جبکہ ایسا تھا نہیں۔ یہ کوئی ایسی بات نہیں ہے، جس سے پریم چند کا قد کم ہو جاتا ہو — پریم چند کو اگنور کرنے والا، اردو فکشن کی

تاریخ ایمانداری کے ساتھ قلم بند کر ہی نہیں سکتا— سچی بات یہ ہے کہ اردو افسانہ جب تجربوں کے اندھے دور سے گزر رہا تھا، پریم چند نے اس افسانے کو، اندھیری سرنگ سے باہر نکالا— سمت دیا۔ دشا دی— کہانی آج جس پیکر میں عروج کی منزلیں طے کر رہی ہے، وہ پریم چند کی ہی دین ہے۔

مکالمہ یہیں سے شروع ہوتا ہے۔

۱۰۰ سال پہلے افسانے کی تلاش میں ہمارا اردو افسانہ نگار بہت آگے نکل گیا تھا— بعد کے نقادوں نے جن کہانیوں کو سپاٹ بیانیہ کہہ کر خارج کیا، در اصل وہ غلطی پر تھے—

اور ایسے نقاد ایک عہد کے قصوروار ٹھہرائے جانے کے مستحق ہیں کہ انہوں نے فکشن سے متعلق، تنقید کے آغاز میں ہی غلط فہمی کے وہ تخم بو دیئے، جو آج بھی پھل دے رہے ہیں اور مسلسل غلط فہمی پیدا کیے جا رہے ہیں —جیسے سب سے بھیانک غلطی، پریم چند کو ریجکٹ کیے جانے کی تھی۔ سجاد حیدر یلدرم اور سلطان حیدر جوش پر گفتگو کے دفتر صدی یا ہزارے کے خاتمے پر بھی کھلنے چاہئے تھے۔ اردو افسانہ ایک لمبی صدی گزار کر آج جہاں پہنچا ہے، اسے کیا نام دیا جائے—

اردو افسانہ عروج پر ہے—

بھول بھلیاں کا شکار—

تحریکوں کا مارا ہوا—

یا قارئین کے ذریعہ ریجکٹ کیا ہوا—

آخر کے دس برسوں کا جائزہ لیتے ہیں تو مکالمہ کی صورت یوں بنتی ہے کہ ہم کیا لکھ

رہے تھے—یا—ہم لکھنا بھول گئے تھے—یا ہمارے ہاتھوں سے موضوع چھوٹ گیا تھا—جب جب ہم پر یا اردو پر وقت کی مار پڑی ہے، اردو قلم کاروں نے لاجواب اور ناقابل فراموش کہانیوں کو جنم دیا ہے—سن سینتالیس کے آس پاس کا ادب—غلامی کے دنوں کا ادب—ترقی پسند تحریک میں شامل ادب—آزادی کے بعد موضوع کا بھٹکاؤ شروع ہوا—یہ نقادوں کے عروج کے دن تھے اور کہانیاں تھکی ہاری، تھکے ہارے کندھوں پر سو رہی تھیں—یا یوں کہیں کہ اردو کہانیاں مسائل کی آغوش میں ہی اڑنے کا فن جانتی تھیں—جیسے انجماد یا خاموشی کے برسوں بعد، شہید بابری مسجد سانحہ نے ایک بار پھر اردو افسانہ کو جگایا—ناول اور کہانیاں لکھی جانے لگیں—موضوع کی طرف بھاگنے کی ضرورت نہیں تھی—موضوع اجودھیا کے فساد سے چھلانگ لگا کر اردو افسانہ نگار کے قلم میں سما گیا تھا—

'ہم تبھی لکھتے ہیں 'جب زخمی ہوتے ہیں' منٹو نے کسی انٹرویو میں یہ بات کہی تھی، جسے آج اردو کہانی کا سچ کہا جا سکتا ہے۔

تو بات شروع ہوئی کہ صدی کا سفر طے کرتی ہوئی اردو کہانی کہاں پہنچی ہے۔ موضوع کی سطح پر، تجربے کی سطح پر—سلطان حیدر جوش کی طوقِ آدم ہو، یا چودھری محمد علی ردولوی، خواجہ حسن نظامی، سدرشن کی کہانیاں—فنی و فکری دونوں سطحوں پر جیسی زندگی ان کہانیوں میں تھی، صدی کا سفر طے کرنے کے بعد بھی یہ کہانی وہیں کی وہیں ہے—یا حقیقت پوچھی جائے، تو کچھ فنکاروں کو چھوڑ دیا جائے تو کہانی پر ضرورت سے زیادہ سمٹنے کا الزام بھی لگایا جا سکتا ہے—

ترقی پسند فارمولوں سے آگے نکلنے کے بعد زندگی کے مسائل در پیش تھے—یہ مسائل جس تیزی سے سامنے آ رہے تھے، اسی تیزی سے پریشان بھی کر رہے تھے۔ یہ

مسائل اچانک ہندستان اور پاکستان دونوں ملکوں میں ابھر کر سامنے آئے تھے— محکومی اور غلامی کے بادل چھٹنے کے بعد اپنی جڑوں کی تلاش کا جو سلسلہ چلا اس نے ادب کو انتظار حسین جیسا ادیب دیا— انتظار کی مجبوری تھی— جڑیں کہاں ہیں؟ ظاہر ہے، ان جڑوں کی تلاش دونوں طرف کی سرحدوں کے لوگ کر رہے تھے۔ یہ افسانوں کی تبدیلی کا عہد تھا— کہانی کا مجموعی ڈھانچہ بدلا جانا تھا— اس میں نئے پیوند لگنے تھے۔ کہانی نے علامت، تجزیہ اور فنتاسی کے نئے نئے راستوں کو دریافت کیا۔ انتظار نے اس کہانی کو اساطیر اور پنچ تنتر کا مشکل راستہ بھی دکھا دیا— یعنی کہانی اپنی نصف صدی گزار کر ایک ایسے اردو منظرنامہ کی تلاش کر رہی تھی، جس کے پاس اپنا کلچر، اپنی زمین اور اپنی جڑیں ہوں، وہ مغرب سے رشتہ توڑ کر ہندستانی آرٹ کی آغوش میں سانس لینا چاہتی تھی— یہ اور بات تھی کہ تب کی جدیدیت پر بھی فارن اسپونسرڈ تحریک کا الزام بھی لگا، لیکن میرے خیال سے اسے درست قرار نہیں دیا جاسکتا۔

اس طرح دیکھیں، غور کریں تو نصف صدی کے مکالموں کی صورت کچھ یوں ہو سکتی ہے:

☆ اردو کہانیاں سفر کے آغاز میں اسلوب و آہنگ کی سطح پر مغرب کی پیروی کر رہی تھیں۔ تجربے باہر کے تھے، اصلاح اپنی تھی۔

☆ جلد ہی اپنی محکومی اور غلامی کے جان لیوا احساس سے پریم چند اور سدرشن جیسے قلم کاروں نے ادب کی دھارا کو ایک نئے مقصد کی جانب موڑ دیا— معاشرتی اصلاح سے آگے نکل کر ادب، مقصدی ادب کی تلاش میں سرگرداں تھا۔

☆ نئے ترقی پسند فارمولوں کی تلاش— ایک بڑی کھیپ کا نئی تحریک سے متاثر ہونا اور اسی کے آس پاس ادب کے گھوڑے دوڑانا۔

☆ آزادی کا احساس — نئے مسائل، ترقی پسندی سے آنکھیں چرانا — جڑوں کی تلاش اور نئی کہانی کی دریافت — علامتوں کا جنم — مغرب کے اثر کے باوجود یہ کہانیاں مکمل ہندستانی رنگ کو قبول کر رہی تھیں — ہندی کہانیوں سے قربت — راجندر یادو، کملیشور، منو بھنڈاری، موہن راکیش کا زمانہ — نئی بحثیں، تبدیلیاں — نئی جنگ — اردو، ہندی کہانی نئے چہرے کی تلاش میں — بعد میں ہندی کہانی کی یہ تلاش کچھ پہلے نرمل ورما، بعد میں اُدے پرکاش اور الکا سراوگی، جیسے نسبتاً نئے لکھنے والوں سے پوری ہوئی — یعنی آپ بے فکر ہو کر مغرب کی پیروی کا الزام لگائیں — تجربے کی سطح پر، ان کہانیوں میں آکٹوپس کے نئے، ہزار پائے 'ضرور پیدا ہوئے تھے، لیکن یہ ہندستانی نظام سے نکلی کہانیاں تھیں۔ اردو میں بلراج مین را جیسے فنکار نے کمپوزیشن سیریز کی انوکھی کہانیاں لکھیں — ماچس اور آتمارام' جیسی نئی کہانیوں کا سلسلہ دراز ہوا — کہنا چاہیے، ادب کے لیے یہ ایک سنہری عہد کی شروعات تھی جب موضوع کے تعاقب میں اردو کہانیاں بلراج، سریندر پرکاش، اقبال مجید، قمر احسن، اکرام باگ کی شکل میں نئی بلندیاں طے کرنے کی کوشش کر رہی تھیں — ان سے ذرا سا باہر نکلیے تو سلام بن رزاق، انور خاں، انور قمر، علی امام نقوی اردو افسانے کی نئی بوطیقا لکھنے میں مصروف تھے — دراصل یہی وہ عہد تھا، جب اردو ادب میں نقاد اہم ہو گیا تھا — پیروی مغرب کی نہیں، نقاد کے بنائے اصول و ضوابط کی ہو رہی تھی۔ پیمانے نقاد بنا رہا تھا۔ دراصل نئے افسانے کی بوطیقا بھی نقاد لکھ رہا تھا۔ فکشن رائٹرز کو صرف مذبح کی بھیڑ کی طرح ایک سیدھ میں چلتے جانا تھا —

اردو فکشن پر مکالمہ کے نئے دور کا آغاز ہوتا ہے۔ آزادی کے بعد کے اس منظرنامہ کو نئی بصیرت، نئی تلاش کے منظرنامہ کا نام دیا گیا۔ لیکن کیا سچ مچ یہ نئی تلاش کا منظرنامہ تھا۔

قرۃ العین حیدر نے کہا:

"۱۳۶ویں گھنٹی بجی — آج سے ہمارے نئے فکشن کا دور شروع ہوتا ہے۔ اس سے پہلے گھنٹی بجی، کہ ہمارا رومانٹک پیریڈ شروع ہوتا ہے۔ یہ سب اوور لیپنگ ہے — ہم اردو فکشن کے بارے میں کوئی صحیح ڈسکورس قائم نہیں کر سکے ہیں۔"

(آزادی کے بعد اردو فکشن، مسائل و مباحث)

مکالمہ کا نیا موضوع یہ تھا کہ نصف صدی کے بعد ہمارے افسانے کی ترقی کی رفتار سست یا منجمد ہو گئی تھی۔ فکر و فن پر تحریکیں حاوی تھیں — آغاز سے ترقی پسند فارمولوں تک جس برق رفتاری سے اردو کہانیوں نے حیرت انگیز چھلانگ لگائی تھی، نئی بصیرت، نئی تلاش نے اسے ایک بڑا جھٹکا دیا تھا — دراصل یہ ایک بڑے کنفیوژن کا عہد تھا — زیادہ تر لکھنے والے علامتوں کے ریپٹیشن کے بھی شکار تھے — صلاحیتیں پکڑ میں نہیں آتی تھیں، تو لکھنے والا گمراہ ہو جاتا تھا۔ بقول وہاب اشرفی —

"علامتی افسانے کے بارے میں کچھ نئے افسانہ نگار سخت غلط فہمی کے شکار نظر آتے ہیں۔ ہمارے یہاں علامت کا مفہوم یہ مان لیا گیا ہے کہ کسی ایک چیز کے لیے کوئی دوسری چیز مخصوص کر لیں۔ مثال کے طور پر طوائف کی کہانی لکھنی ہو تو اس کے لیے سڑک کا لفظ منتخب کر لیں — پھر جہاں جہاں طوائف لکھنا ہو، وہاں سڑک لکھتے جائیں اور بس علامتی افسانہ تیار ہو گیا۔"

اردو افسانہ میں اتنی زبردست بھیڑ اس سے قبل کبھی جمع نہیں ہوئی تھی۔ یہ اب تک کا سب سے سنہری دور تھا۔ یہ الگ بات ہے سب سے زیادہ متنازعہ فیہ عہد بھی یہی رہا ہے۔ لکھنے والوں پر سب سے زیادہ الزام اسی عہد میں لگایا گیا ہے۔ لیکن آپ جانئے، گفتگو سے ہی بحث کے دروازے کھلتے ہیں۔ ترقی پسند فارمولوں کے عہد کے بعد کا یہ ایسا دور تھا

جب ایک دو نہیں، ہزاروں کی تعداد میں نئے افسانہ نگار پیدا ہو گئے تھے۔ ہر رسالہ میں کتنے ہی نئے نام، ہر شمارہ میں پیدا ہو جاتے تھے۔ غرض کہ یہ ایک ہنگامی عہد تھا۔ فکشن کا عہد تھا— گفتگو تھی، باتیں تھیں، گرم خون تھا— سب کے سب نوجوان تھے— اب ضروری تھا توان نوجوانوں کو یکجا کر کے ایک پلیٹ فارم پر لا کر ان کی گفتگو سننا—

دلّی افسانہ سمینار کی مثال لیجئے۔ گرجتی ہوئی توپیں— اردو کے منچ پر ساجد رشید، انور خاں، سلام بن رزاق، عبد الصمد، حسین الحق، غرض بارود کے ڈھیر لگ گئے تھے— اتنی ڈھیر ساری باتیں اس سے قبل اردو افسانہ کے بارے میں کبھی نہیں ہوئی تھیں — در اصل اسی سمینار نے اردو فکشن کے نئے ڈسکورس کے لیے راستہ صاف کیا— بکھری ہوئی باتوں سے، اندر بھرے ہوئے غصے سے جو نتائج برامد ہوئے، اس نے نئی کہانی کے لیے اشارے واضح کر دیے— شناخت کا مسئلہ، ہجرت، بے چہرگی، فرد کی تلاش، اجنبیت، تنہائی سے باہر نکل کر اب نئے مسائل کی گونج تھی— تقسیم کے بعد ۳۰۔۳۵ سال گزار کر اردو زبان زندہ رہنے کی جہتوں، مسلمان، اردو، پاکستان کی تثلیث، روزی روٹی سے کاٹ دیے جانے کے احساس اور سروائیول کی کشمکش سے آنکھیں ملانا چاہتی تھی۔ زبان کو نیا بیانیہ، نئے معنی خیز استعارے کی ضرورت تھی۔ آزادی کے تیس پینتیس برس بعد کے افسانہ نگار کو، آزاد معاشرہ کے، مسائل ڈھونے والے ایک نئے انسان، ایک نئے چہرے کی تلاش تھی۔ سیاست، ملک کا چوتھا موسم بن چکی تھی— ۸۰ء کی رتھ یاتراؤں کے بعد نئی صورت حال کی کوکھ سے ایک نئے بیانیہ کا جنم ہوا— کبھی کبھی آپ کو اپنی نئی شناخت قائم کرنے کے لیے پرانی چیزوں کو رد کرنا ہوتا ہے۔ علامتوں کا طوفان گزر چکا تھا۔ گرد و غبار میں ڈوبا ہوا مایوس قاری نئے لکھنے والوں کے سامنے تھا— نئے لکھنے والوں کو اس قاری کا مسئلہ بھی درپیش تھا۔ اب ضرورت اس بات کی تھی کہ اپنی نئی شناخت کے لیے پرانی

نسل کو مورد الزام ٹھہرایا جائے۔ یہ کوئی نئی بات نہیں تھی—یہ اردو کے علاوہ دوسری زبانوں میں بھی بار ہا ہوتا رہا ہے۔ نئے لکھنے والوں کے سامنے ضرورت دو باتوں کی تھی۔

- پیش رو افسانہ نگار کی تخلیقات کو سرے سے ریجکٹ کیا جائے۔
- نقاد کو ریجکٹ کیا جائے—

ان میں ایک ضرورت اور بھی پوشیدہ تھی۔ قاری کی واپسی کی ضرورت — ۸۰ء کے بعد کے لکھنے والوں کے سامنے ایک بڑے عہد کا کینوس ۸۰ برسوں تک پھیلا ہوا تھا۔ اتنے بڑے کینوس کو سامنے رکھ کر اپنی جگہ کا تعین کرنا کوئی مشکل کام نہیں تھا—یہ وہی عہد تھا، جب زمین سے جڑنے کا مسئلہ بھی اٹھا—بیانیہ کی واپسی ہوئی—اجودھیا اور ملک میں ہونے والے فسادات نے نئے سیاسی پس منظر کا موضوع دے دیا تھا۔ ادیبوں میں ایک خاص طرح کی سیاست پیدا ہو رہی تھی۔ ناول کے لیے نئے میدان بن رہے تھے— اب ضرورت اس بات کی تھی کہ اس عہد کا سنجیدگی سے تجزیہ ہو—عام طور پر نوبل اور بڑے انعام یافتہ ادیبوں کو اپنے اور اپنے عہد کے بارے میں لکھنے کی دعوت دی جاتی ہے—۱۹۹۷ء کے اواخر میں منعقدہ ساہتیہ اکادمی سمینار کا ایک موضوع تھا—میں اور میر اعہد۔ ملک کے ممتاز لکھنے والوں کو دعوت دی گئی۔ یہ جاننا بے حد اہم تھا کہ نیا لکھنے والا مین اسٹریم سے کس حد تک جڑا ہوا ہے۔ اس میں Political Sensibility کتنی ہے۔ اس کا سماجی شعور کیسا ہے۔ وہ اپنے عہد کا تجزیہ کس طرح کرتا ہے اور منظر، پس منظر کی آنکھ سے اپنے آپ کو کیسے دیکھتا ہے یا اپنا محاسبہ کرتا ہے۔

"میں آج مر جاؤں یا دس سال بعد اس سے کوئی فرق نہیں پڑے گا۔ بقول فراق صاحب ادب میں فرسٹ کلاس سے نیچے کوئی ڈبہ نہیں ہوتا—اور اس لحاظ سے اگر سوچا جائے تو ہمارے عہد کے کتنے ادیب جو آج اپنی جگہ بنانے کے لیے لڑ رہے ہیں زندہ رہ

پائیں گے اس کا اندازہ لگانا ذرا مشکل کام ہے۔ اور یہیں سے اچھی تخلیق کا سفر بھی شروع ہوتا ہے کیونکہ فرسٹ کلاس لکھ لینے کے بعد یہ بھی ضروری نہیں ہے کہ وہ تخلیق ہمیشہ کے لیے زندہ رہ سکے۔ ادب کے معیار بہت بلند ہیں۔"

—رتن سنگھ

"اگر یہ کہوں کہ آج جس عہد میں میں سانس لے رہا ہوں وہ ہمارے پیش روؤں کے عہد سے کہیں زیادہ پیچیدہ ہے تو ممکن ہے اسے مبالغہ آرائی تصور کیا جائے۔ کیونکہ یہ عام ادبی تصور ہے کہ زندگی ہر عہد میں انہی عناصر کے ساتھ ظہور پاتی ہے جو روز اول سے انسان کا مقدر ہیں۔ محبت، نفرت، عداوت، خوف، غم، غصہ، خوشی فکر و تردد وغیرہ—ادب کے موضوعات زندگی کے انہی احساسات سے منور ہیں—اور یہ تسلیم شدہ امر ہے کہ یہی موضوعات بار بار مختلف کردار واقعات کے حوالے سے ادب میں دہرائے جاتے ہیں۔ لیکن مجھے ہر روز یہ محسوس ہوتا ہے کہ آج کی زندگی کل سے کچھ مختلف نہیں کچھ زیادہ پیچیدہ ہو گئی ہے۔ میں جس عہد کو جی رہا ہوں وہ منٹو، بیدی، عصمت، کرشن کے عہد سے کہیں زیادہ سفاک اور ریاکار ہے—"

—ساجد رشید

"نئی کہانی کے حوالے سے بھی بہت سی باتیں ہوئیں۔ میں بہت دن سے کہانی پر ناقدین کی بحثیں دیکھ رہا ہوں اور مضامین پڑھ رہا ہوں۔ ایسا لگتا ہے کہ کہانی کہیں گم ہو گئی ہے۔ کہانی کی شناخت، کہانی کیا ہے؟ کہانی کے مسائل تو ایسا لگتا ہے کہ کہانی کہیں بھاگ رہی ہے اور ناقد ٹاپا لیے اسے دوڑا رہا ہے۔ کہانی نہ ہوئی دادی اماں کی مرغی ہو گئی۔ میں اس سلسلے میں ایک واقعہ بیان کر دوں۔ دادی اماں کی ایک مرغی تھی جو دانے دانے کی تلاش میں باہر نکل جاتی تھی اور دادی اماں اس کا انتظار کرتی تھیں۔ شام کا اندھیرا ہو جاتا

تھا تو محلے کے کچھ بچے اس مرغی کو لاتے اور دادی اماں کے ہاتھ میں دے دیتے تھے۔ چونکہ اندھیرا ہو چکا ہوتا تھا اس لیے دادی اماں یہ نہیں سمجھ پاتی تھیں کہ یہ مرغی جو بچوں نے انہیں لا کے دے دی ہے، انہی کی ہے یا محلے کے کسی اور آدمی کی ہے۔ وہ انتظار کرتی تھیں کہ صبح ہو تو اس کی شناخت کریں۔ صبح ہوتی تھی، جلدی سے بیدار ہوتی تھیں، سورج نکلتا تھا تو وہ پہچان کرتی تھیں تب انہیں تسلی ہوتی تھی۔ ہمارے ناقد نے بھی کہانی کو اسی طرح دبوچ رکھا ہے۔ اندھیرے میں بیٹھا ہے جیسے وہ کوئی مرغی ہو اور ہمارا جو پڑھنے والا ہے وہ گھر کے باہر دروازے سے ٹیک لگائے رو رہا ہے کہ کب ہمارے ناقد صاحب اعلان کریں گے کہ انہوں نے جو چیز دبوچ رکھی ہے۔ وہ آخر ہے کیا؟ لیکن سویرا نہیں ہوتا۔"

— محسن خاں

اتنے سارے اقتباسات کی چنداں ضرورت نہ تھی — مگر پہلی بار کسی بڑے منچ سے یہ باور کرانے کی کوشش کی گئی کہ تخلیق کار کے اندر کا آدمی کیا سوچتا ہے۔ فنکاروں کے اندر اپنے وقت کے ساتھ چلنے کی جو روش تھی، اسی کے ساتھ نقادوں کو ریجکٹ کرنے کا جذبہ بھی بڑھ چڑھ کر بولنے لگا تھا۔

سو برسوں کے اس طویل سفر نامے میں نقاد نشانے پر تھا — اور نقاد مسلسل اس سوال سے جوجھ رہا تھا کہ کیا فن کا کوئی تصور تنقید کے احساس کے بغیر ممکن ہے۔ نیر مسعود کا کہنا تھا کہ اگر کوئی نقاد حکم نامہ نافذ کرتا ہے اور تحکمانہ گفتگو کرتا ہے اور اس کے ہدایت ناموں اور مکالموں سے افسانے کو نقصان پہنچتا ہے تو تخلیق کار کا غم و غصہ بجا ہے۔ رتن سنگھ کا کہنا تھا کہ نئی نسل نقاد سے انکار نہیں کرتی بلکہ اس نقاد سے انکار کرتی ہے جو گروہ بندی کرتا ہے اور ادب کو بانٹتا ہے —

درحقیقت نئی صدی میں نئے مکالمے پیدا ہو رہے تھے اور ان مکالموں کی صدا بندی نقاد کو ریجکٹ کیے جانے کے جواب پر ٹوٹتی یا ختم ہوتی تھی۔ اس لیے کہ صحیح شناخت اور پروجیکشن کا معاملہ نقاد کی ہم بستری سے کچھ اتنا زیادہ قریب تھا کہ نئی نسل میں اچھا لکھنے کے جوش سے زیادہ نقاد کو ریجکٹ کیے جانے کا معاملہ زور پکڑتا گیا۔

وہی اردو فکشن ہے۔۔۔وہی بحثیں ہیں—لیکن ان مکالموں کی صدا گم ہو رہی ہے۔ مکالمہ افسانہ نگاروں کے درمیان خاموشی سے اپنا سر نکال کر پوچھتا ہے۔

تمہارے بعد کی صف خالی کیوں ہے؟

مکالمہ شتر مرغ کی طرح آندھی کے خوف سے ریت میں اپنا منہ چھپا لیتا ہے— جانے والوں کا ایک لمبا قافلہ ہے۔

ادب میں زندہ رہنے کے لیے صحت مند اختلاف بھی ضروری ہے۔ لیکن عام طور پر اردو زبان میں جب بھی ادب کی 'بیار' کو بہنے کا موقع دیا گیا ہے، اسے نجی یا ذاتی دشمنی سے جوڑا گیا ہے۔—دنیا میں شاید ہی کوئی زبان ایسی ہو، جہاں 'اختلاف کی ٹھنڈی، صحت مند اور خوشگوار ہواؤں کا چلن نہ ہو۔—اختلاف کے بغیر کسی بھی متنازعہ رائے یا تنقید کو ہم بہ آسانی قبول کرنے کو تیار ہو چکے ہیں۔—لیکن اس میں دشواری یہ ہے کہ بات سے بات پیدا نہیں ہوتی۔—فکر ایک مقام تک آ کر ٹھہر جاتی ہے۔ نتیجہ قبول و رد کی روش کو بغیر ادبی بحث کے ہم ماننے یا اپنانے کے لیے مجبور ہو جاتے ہیں—

مگر اب، اختلاف بھی کس سے کیجیے۔

اس زبان کی سب سے بڑی مجبوری یہ ہے کہ آئندہ برسوں میں آپ ادب کی کسی بھی اہم تھیوری پر محض اپنی رائے پیش کرنے کے لیے خود کو تنہا پائیں گے۔—اور خواہش کے باوجود تجزیہ، مکالمہ، تبصرہ یا تنقید کے لیے مصلحتاً خاموشی اختیار کرلیں گے کہ آیا، اب

یہ لوگ بھی رخصت ہو گئے تو کل لکھنے والوں کا قافلہ ہی کتنا رہ جائے گا۔

میں افسانے اور ناول کا آدمی ہوں —ادب میرے جسم کے قطرہ قطرہ میں رواں ہے—میں وہ ہوں، جس نے شاید اپنے ہم عصروں میں سب سے زیادہ انکار یا انحراف یا اختلاف کیا ہے—انکار یا انحراف کے راستے چلتے ہوئے بھی، مجھے ہمیشہ اس بات کا احساس رہا ہے کہ میں ادب کے بحر ذخار سے دوچار کار آمد، موتی حاصل کرنے کی جستجو کر رہا ہوں—

نئے مکالمہ کی ضرورت کیوں؟

آج اردو افسانہ کو ایک بار پھر نئے مکالموں کی ضرورت ہے—جیسا کہ فاروقی کہتے ہیں— ۸۵ کے بعد افسانہ نہیں لکھا گیا—تو ۸۵ کے بعد تنقید بھی نہیں لکھی گئی۔ فاروقی شب خون میں موپاساں، چیخوف اور او ہنری جیسے فنکاروں کو کبھی نہیں شائع کرتے۔ کیونکہ یہاں کہانی کی وسیع دنیا آباد تھی اور مارکیز کے راستے ہمارے کچھ تخلیق کار دوست تنہائی اور اداسی کی جو بے جان دنیا آباد کرتے ہیں، وہ دنیا موپاساں جیسوں کے پاس نہیں تھی۔ کیا کہانی محض احساس کی لہریں ہیں؟ اور موپاساں، چیخوف کے بعد بھی جن لوگوں نے کہانیوں کی دنیا آباد کی، وہ سرے سے کہانی کار نہیں؟ یہاں میرے کہنے کا مقصد یہ نہیں ہے کہ فاروقی نے اردو کہانی کو محض گمراہ کرنے کی کوشش کی ہے۔ دراصل فکشن کو جس وسیع تناظر میں دیکھنے کی ضرورت تھی، وہاں یہ لوگ محض اپنے نظریہ کی وکالت کر رہے تھے—جدیدیت کی بنیاد پر جو نظریہ تعمیر کیا، اُسی بنیاد پر کہانی کو دیکھنے کی کوشش کی گئی—اور نتیجہ، بس انہیں دو ایک فنکاروں سے زیادہ اس فریم ورک میں کوئی بھی فٹ ہوتا نظر نہیں آیا۔ اور فیصلہ صادر ہو گیا۔ ۸۵ء کے بعد کہانی نہیں لکھی گئی—

مثال کے لیے یہ بات اس انداز سے بھی کہی جا سکتی ہے کہ ۸۰ کے بعد اچھی تنقید

سامنے نہیں آئی —

سن ۲۰۱۰ء تک آتے آتے اردو افسانے کی دنیا میں کئی اچھے نام شامل ہو چکے ہیں — خوشخبری یہ ہے کہ ایک بار پھر نئی نسل اچھی کہانیوں کے ساتھ اردو افسانے کے دروازے پر دستک دے رہی ہے — یہ وقت مایوسی اور تاریکی سے باہر نکل کر ان افسانوں کی شناخت کا ہے — ضروری یہ بھی ہے کہ شائستہ فاخری، رحمن عباس، صغیر رحمانی، احمد صغیر جیسے افسانہ نگاروں پر بھی گفتگو کے دروازے کھلیں —

نیا مکالمہ یہ ہے کہ قاری موجود ہے اور نئے افسانہ نگار بھی سامنے آرہے ہیں — اس گلوبل اسپیس میں وہ جہاں کہیں بھی نظر آئیں گے ہم اُنہیں تلاش کرلیں گے۔

اور یہاں نئے لکھنے والوں کے لیے بھی ایک چیلنج ہے کہ وہ محض مارکیز، بورخیس، اوہان پامک جیسے بڑے تخلیق کاروں کی پیروی نہ کریں بلکہ اپنی مثال پیش کریں کہ ان کے اسلوب اور ڈکشن پر مغرب میں بھی گفتگو کے راستے کھل سکیں۔ اس غریب زبان کو اپنی تنگ دامانی کا پتہ ہے لیکن اس تنگ دامانی کے باوجود اردو والوں کو ایک بڑی پہچان بنانے کی ضرورت ہے۔

—۲۰۱۰ء

☆☆☆

اردو فکشن۔۔۔ تیس برس ایک کالی رات کے نرغے میں

(۱)

ادب: دہائیوں میں تقسیم کی شروعات

"ہم نے ڈائیلاگ، مونولاگ سے کہانی بنی اور ہم نے آزاد تلازم کے ذریعے لاشعور کی کہانی لکھی۔۔۔ لیکن کوئی کہانی ایسی نہیں لکھی جس کے بارے میں اردو ادب یہ کہہ سکے کہ کہانی کی یہ تکنیک دنیائے ادب کو میں نے دی۔ لیکن اس کے باوجود پچھلے دس سالوں میں لکھی جانے والی کہانیوں کو پڑھنے کے بعد میں یہ کہہ سکتا ہوں کہ اس وقت دنیا میں کہانی صرف انڈیا اور پاکستان میں لکھی جارہی ہے اور مجھے محسوس ہو رہا ہے کہ اگلے سالوں میں اردو میں ایسی کہانیاں لکھی جارہی ہوں گی جو ورلڈ لٹریچر کو نئی جہت سے روشناس کرائیں گی۔ میں یہ کیسے تسلیم کرلوں کہ دکھ اور تضاد سے ہم جنگ کریں۔ اور بڑی کہانی مغرب میں لکھی جارہی ہو، یہ ممکن نہیں۔"

—اظہر نیازی

"جس طرح گلیلیو کو پھانسی دینے کے باوجود زمین گول رہی اسی طرح اسپنگلر کے تاریخی تسلسل سے انکار کے باوجود تاریخی تسلسل کا نام ہی ارتقا رہا۔ اس لیے کہ تاریخ کا کھنچا ہوا خط امتیاز ریڈ کلف کی لکیروں سے زیادہ مبہم اور ناقابل گرفت ہوتا ہے۔ اس لیے یہ کہنا ناممکن ہے کہ ۳۱ دسمبر ۵۵ء یا ۶۵ء یا ۷۰ء کی رات اچانک پرانا دور ختم ہو گیا۔ پہلی

جنوری کی صبح کے سورج میں اگر کوئی تبدیلی بھی تھی تو اتنی متواتر اور مسلسل کہ کبھی کبھی سورج دیکھنے والی آنکھیں انہیں محسوس بھی نہیں کر سکیں۔ اور یہی سورج کی سی تبدیلی فن میں بھی آتی ہے۔ اس لیے کہ تاریخ کی طرح فن بھی نہیں بدلتا بلکہ ایک فنی تسلسل میں ہم خود تبدیل ہوتے ہیں۔"

—قمر احسن (نیا اردو افسانہ، چند مسائل)

جیسا کہ عنوان سے ظاہر ہے، پچھلے ۳۰/برس کی کہانیوں کا جائزہ لیے بغیر ہم نئی صدی میں لکھی جانے والی اردو کہانیوں کی سمت ورفتار کا تعین نہیں کر سکتے۔ غور کرنے کی بات یہ بھی ہے کہ میں نے اردو فکشن سے ان ۳۰/برسوں کا ہی انتخاب کیوں کیا، توماجرا ہے کہ یہ وہی تاریک عہد تھا، جسے بعد میں نہ صرف اس عہد کے لکھنے والوں نے قبول کیا کہ ہم لوگ گمراہ ہو گئے تھے بلکہ اس دوران ادب سے اس کا قاری بھی چھین لیا گیا تھا۔ ایک تکلیف دہ بات اور بھی تھی کہ اسی عہد میں ادب کو دہائیوں میں تقسیم کیا گیا اور ماجرا ہے کہ دہائیوں میں ادب کی تقسیم کے ذمہ دار بھی وہی لوگ تھے جو اچانک بغاوت کا علم لے کر اردو فکشن میں نمودار ہوئے اور اعلان کیا کہ ستر کے پہلے کی کہانیاں فضول تھیں —۷۰ء سے پہلے نراجی عہد کے افسانہ نگاروں سے ہم اتنا متاثر رہے کہ نقالی کے علاوہ اپنی الگ راہ بنانے پر توجہ نہیں دے سکے۔ اس لیے جب ان کا کھوکھلا پن ہم نے محسوس کیا تو سنجیدگی سے افسانہ کی طرف پھر سے توجہ دی ہے۔

—(بحوالہ: نیا اردو افسانہ: چند مسائل)

یہ بھی کہا گیا—"کہ اب جو کچھ ہم لکھ رہے ہیں۔ وہ ہمارا ہے نہ ہمارے سامنے کوئی مینی فسٹو ہے نہ اس کا ردعمل—

باغی افسانہ نگاروں کی اس فوج میں اکرام باگ، انیس اشفاق، انور خاں، انیس رفیع، انور قمر، حمید سہروردی، حسین الحق، رضوان احمد، ساجد رشید، سلام بن رزاق، سید محمد اشرف، شفق، شوکت حیات، عبد الصمد، قمر احسن، کنور سین اور مظہر الزماں خاں وغیرہ شامل تھے — دراصل دیکھا جائے تو:

ا۔ انہیں 'نیا پن' چاہئے تھا اور انہیں اپنانے کے لیے شب خون وغیرہ رسائل پہلے سے ہی موجود تھے —

۰ ۷ء سے پہلے کا عہد، ان باغی افسانہ نگاروں کی نظر میں نراجی عہد تھا۔ اور جیسا کہ انہوں نے اعلان بھی کیا، یعنی جو کچھ وہ لکھ رہے ہیں، وہ ان کا اپنا ہے۔۔۔ اور جو کچھ اس سے قبل لکھا گیا، وہ نقل پر مبنی تھا۔ مثلاً بلراج مین را، احمد ہمیش، اقبال مجید وغیرہ کی کہانیوں کو وہ اورجینل ماننے سے انکار کر رہے تھے۔ اور قرۃ العین حیدر کے بارے میں عام خیال تھا کہ "وہ افسانے کو ضرورت سے زیادہ Pregnant یا Ambitious بنا دیتی ہیں جو غیر ضروری عمل ہے —

— (عتیق اللہ)

ان افسانہ نگاروں کی بغاوت سے ترقی پسندوں کے بھی ہوش اڑ گئے تھے۔ کیوں کہ یہ لوگ آناً فاناً شب خونی خیمے میں اڑتے چلے گئے تھے — یعنی ایک طرف جہاں جدیدیوں کی لاٹری کھل گئی، وہیں دوسری جانب ترقی پسندی کے خیمے میں کہرام مچ گیا۔ ترقی پسندوں نے ایک نیا شوشہ چھوڑا۔ ان کی کہانیوں کے بارے میں فتویٰ صادر ہو گیا۔ یہ علامتی حقیقت پسندی سے لبریز کہانیاں ہیں۔ یعنی ہر کہانی کو چاہے وہ جدید تر کیوں نہ ہو جائے، ترقی پسند کہلانے کا حق حاصل ہے۔

"باباؤں" کی کہانیاں یا کہانی: جو گم ہو گئی

"گزرا ہوا زمانہ (سرسید احمد خاں) کو اگر اردو کی پہلی کہانی تصور کیا جائے تب بھی اردو افسانوی سفر کے اس سلسلے کو بہت زیادہ قدیم نہیں مانا جاسکتا۔ راشد الخیری، ڈپٹی نذیر احمد سے کروٹیں لیتی کہانی کو پریم چند نے جیسے اور جس قدر بام عروج تک پہنچایا ہو، لیکن ساتویں دہائی کے بعد سامنے آنے والے فنکاروں کے لیے بلراج مین را کے عہد سے انکار کرنا جتنا ضروری تھا، اتنا ہی پریم چند کو Reject کرنا۔ پہلی بار شدت سے یہ بات محسوس کی گئی کہ نیا لکھنا جتنا ضروری ہے، اتنا ہی اس نئی کہانی کے لیے "کھولنے والے" یعنی نقاد کا ہونا۔ اس لیے کہ علامت اور تجرید کے مابین راستہ بناتے ہوئے یہ تخلیق کار جو کچھ خلق کر رہے تھے، اسے سمجھنا آسان نہ تھا۔ اس تہہ بہ تہہ الجھی ہوئی تخلیق کے لیے فاروقیوں، حنفیوں، علویوں کے ساتھ انہیں اپنی نسل کے عثمانیوں اور قمر احسنوں کی بھی ضرورت تھی — اسٹریٹیجی یہ بنی، کہ نئے افسانے کی قدر و منزلت بحال کرنے کے لیے پرانی چیزوں (تخلیق) کو مسترد کرنے کا عمل تیز سے تیز تر کیا جائے۔ نتیجہ کے طور پر پہلا بت میاں پریم چند کا ٹوٹا —

"اردو افسانہ کو سب سے زیادہ نقصان پریم چند ہی نے پہنچایا تھا۔ یہ تو خدا بھلا کرے منٹو کا کہ انہوں نے اس کیچڑ میں کنول کا پھول کھلانے کی کوشش کی۔ ورنہ منشی جی نے اردو افسانہ کی تمام روایت کو اپنی آئیڈیالوجی اور سماجی روشن خیالی کی نذر کر دیا تھا۔

— قمر احسن

پریم چند سے انحراف کی ایک صاف وجہ یہ بھی تھی کہ ایک لمبے عرصے تک پریم چند اسکول کی نمائندگی کرنے والوں کو باعث فخر سمجھا جاتا تھا۔ نتیجہ کے طور پر —

"اس طرح اردو افسانہ میں امکانات اور تجربہ کا کام اس وقت رک گیا۔ منٹو نے اپنے اجتہاد سے اس رجحان کو کسی حد تک کم ضرور کیا لیکن افسوس کہ افسانہ تاڑ سے نکل کر کھجور میں اٹک گیا۔ نفسیات اور اس کے مسائل نے منٹو کو کچھ اس طرح جکڑا کہ دونوں ایک دوسرے سے الگ نہ ہو سکے، ان کے بعد والوں نے سمجھا کہ بس یہی رخ رہ گیا تھا اور اسے اختیار کرنے کی کوشش کی۔"

۷۰ء سے قبل کے عہد کو نراجی عہد ماننے والوں کی مشکل یہ تھی کہ انہیں اپنی اسٹریٹجی کے تحت پریم چند کو مسترد بھی کرنا تھا اور کفن کو گلے بھی لگانا تھا۔ پریم چند کو سرے سے نظر انداز کرتے ہوئے وہ کفن کے آفاقی علامتی نظام کو Ignore نہیں کر سکتے تھے۔ ان کی ایک مشکل یہ بھی تھی کہ وہ کفن اور منٹو کی 'پھندنے' کو سینہ سے لگائے رکھنے کے باوجود اپنی نئی جہت تلاش کر رہے تھے۔ اور اس کے لیے ضروری تھا کہ ۷۰ء سے قبل لکھی جانے والی کہانیوں پر نشانہ سادھا جائے۔ نتیجہ، انہوں نے یہ بھی الزام لگایا کہ منٹو کے بعد مقلد ذہن نقالی کے چکر میں اتنا الجھا کہ امکانات کی فضا گم ہو گئی—افسانہ کو کم تر صنف سمجھ کر نظر انداز کیا گیا اور افسانہ نگار کو غیر اہم اور معمولی قرار دیا گیا—

افسانہ کو معتبر صنف اور افسانہ نگار کو غیر معمولی ذہانت رکھنے والا ثابت کرنے کے لیے ادبی بازیگری اور پینترے بازی کے نت نئے عمل شروع ہو گئے۔ افسانہ نگار "لال بجھکڑ" بن گیا اور افسانہ پہیلیاں اور مصنوعی فلسفوں میں الجھتی چلی گئیں۔ لیکن باغی افسانہ نگاروں کی فوج کو کہانی پن کے کھونے کا کہیں کوئی ملال یا رنج نہیں تھا—

دلچسپ بات یہ ہے کہ سب اچانک ۳۰ سال قبل ہوا۔ جیسے تیس سال پہلے جواں سال قلم کاروں کو اچانک اس بات کو عرفان ہوا کہ مولوی پریم چند تو کہانیوں کے نام پر

ان کو بیوقوف بنا کر چلے گئے ہیں—ان کو اچانک اس بات کا احساس ہوا کہ شکست وریخت کے عجب کشمکش بھرے لمحوں میں ان کے جینے کا مقصد کہیں روپوش ہو گیا ہے۔ جیسے اچانک انہیں احساس ہوا کہ ان کا وجود توریزہ ریزہ ہو کر بکھر چکا ہے۔ جیسے اچانک ان قلم کاروں کو آ گہی ہوئی کہ شناخت کا المیہ درپیش ہے۔ اور اس خطرے کو کہانیوں کی معرفت ہی جیتا جاسکتا ہے—

جیسے اچانک انہیں تیس برس پہلے احساس ہوا کہ کہانی تو پریم چند، پھر منٹو، بیدی، کرشن اور عصمت کا 'کھونٹا' کھول کر کب کی بھاگ چکی ہے۔

جیسے اچانک انہیں احساس ہوا کہ اب کہانی سنانے والے "بابا" کی سخت ضرورت ہے۔ یقین نہ ہو تو تیس برس پہلے کی زیادہ تر کہانیاں اٹھا کر دیکھ لیجئے۔ ہر قلم کار کے یہاں ایک بابا موجود ہے۔ جس کا کہانی سنانے کے علاوہ اور کوئی کام نہیں ہے۔ اور ہر کہانی میں ایک "بیچاری کہانی" بھی سہمی ہوئی بیٹھی ہے جو بار بار لرزہ دینے والے انداز میں کہتی ہے کہ بھائی میں تو گم ہو گئی ہوں۔ مجھے تلاش کرو۔

اور حساس قلم کار ان کہانیوں کی کہانی یوں بیان کرتا ہے کہ جیسے وہ آیۂ کائنات کے معنی تلاش کر رہا ہو یا کوئی ایسا معجزہ اس کے قلم سے رونما ہونے والا ہو، جس سے ایک لمحہ میں ساری دنیا میں ہنگامہ یا تہلکہ مچ جائے گا۔ جیسی جیسی اور جس جس طرح کی کہانیاں سامنے آ رہی تھیں، اسی طرح کے رسائل بھی من و سلویٰ کی طرح آسمان سے اترے جاتے تھے—

نمونہ کے طور پر کچھ کہانیاں ملاحظہ فرمائیے۔

"کون ہو تم؟ کیا کرتے ہو؟"

"پردیسی ہوں، کہانیاں جمع کرتا ہوں" اس نے نرم لہجے میں جواب دیا۔

"کہانی۔" ان کی آنکھیں چمک اٹھیں۔

"پردیسی کوئی کہانی سناؤ کہ رات کٹے۔"

"میرے پاس کوئی کہانی نہیں۔ اس نے کہا۔"

"یہ کیسے ہو سکتا ہے۔"

"میں شہر کے تقریباً ہر آدمی سے مل چکا ہوں۔"

"کسی کے پاس کوئی کہانی نہیں۔" پہلے آدمی نے پوچھا۔

اس نے نفی میں سر ہلایا۔

"مجھے تو یقین نہیں آتا۔" دوسرے آدمی نے کہا۔

"لیکن یہ سچ ہے!" تیسرے آدمی نے کہا۔

"لیکن یہ سچ ہے۔" چوتھے آدمی نے کہا۔

"ہاں یہ سچ ہے۔" کہانی جمع کرنے والے نے کہا۔

"مجھے یقین نہیں آتا۔" پہلے آدمی نے کہا۔

"مجھے بھی یقین نہیں آتا۔" دوسرے آدمی نے کہا۔

"کسی مکان میں روشنی نظر نہیں آتی۔" چوتھے آدمی نے کہا۔

—"کوئیں سے ڈھکا آسمان"

—انور خاں

پہلا آدمی۔ دوسرا آدمی۔ ہوا میں معلق مکالمے—بے سر پیر کے مصنوعی فلسفے— انتظار حسین کے اساطیری رنگ میں بھی یہی مکالمے، فلسفے اور آدمی حاوی تھے تو ایڈگر ایلن پو، ورجینا وولف، جیمس جوائس اور کافکائی کہانیاں لکھنے والوں کی تحریروں میں بھی یہی بوجھل اور عالمانہ تقریریں، کہانی پن پر حاوی ہوتی چلی گئی تھیں۔ قمر احسن ان باغی

لوگوں میں مجھے سب سے بہتر معلوم ہوتے ہیں۔ مگر قمر احسن کی تحریر میں بھی فلسفے اور مکالموں کا یہی رنگ غالب تھا۔

"میں اپنی کوئی بہت قیمتی چیز کہیں بھول آیا ہوں۔" اچانک عارف عبداللہ نے زور سے کہا۔

"کہاں۔؟ کون سی شے؟؟" ابو زید کی طرف جھپٹا۔

"کوئی بہت کم قیمت لیکن میرے لیے نہایت اہم شے۔ شاید اپنا قلم۔ یا اپنی ڈائری یا کوئی اور بہت ذاتی شئے۔"

"کہاں۔؟"

"وہیں کسی پہاڑی پر۔"

"کسی بھی پچھلی پہاڑی پر۔ میں کوئی چیز بھول ضرور آیا ہوں۔ اور مجھے بے چینی ہو رہی ہے۔"

"آخر کس پہاڑی پر۔؟ ابو زید جھلا گیا۔

"شاید وہیں جہاں سے مہاجر پرندوں کی آخری قطار اڑی تھی۔" عارف عبداللہ کے ہونٹوں پر مسکراہٹ تھی۔"

۔۔طلسمات (قمر احسن)

ایک دلچسپ بات اور تھی۔ شروع کی کہانیوں میں علامتیں، بہت مبہم یا بو جھل نہیں تھیں لیکن اکرام باگ سے شوکت حیات تک یہ بات شدت سے محسوس کی جا رہی تھی کہ کہانیاں در اصل یوں لکھنی چاہئیں جس کی تفہیم ممکن نہ ہو۔ شوکت حیات نے تو بعد میں باضابطہ اس بات کا اعلان بھی کیا کہ کہانی لکھنے کے بعد اگر قاری کہانی کے بارے میں دریافت کرتا ہے تو مصنف یقیناً اسے سمجھا پانے میں ناکام رہے گا۔ اس لیے کہ کہانی

اترنے کی کیفیت الہامی ہوتی ہے۔ اکرام باگ کی ایک کہانی دیکھئے۔

"اپنے آپ کو دیکھنے کے لیے اپنے آپ میں نہ رہو، میں نے ظاہر علی شاہ کو تب غور سے دیکھا جب وہ اپنے آپ میں نہ تھے۔"

— تقیہ بردار (اکرام باگ)

مجموعی تاثر یہ ہے کہ محض الفاظ رہ گئے تھے۔ ایک صوتی آہنگ ہے، جو فضا میں بکھر رہا ہے۔ ایسے ظاہر علی شاہ اس وقت انتظار حسین، حمید سہر وردی، حسین الحق کی تمام تر کہانیوں میں نہ صرف زندہ تھے بلکہ مصنوعی فلسفے بھی بکھیر رہے تھے۔ یعنی کہا جائے تو ستر کے بعد کے ہندستانی افسانہ نگار محض انتظار حسین کے رنگ و آہنگ کی نقل یا تقلید کے علاوہ کچھ نہیں جانتے تھے—

"میں نے محسوس کیا کہ گردش مدام پیالہ میں چراغ کی لویں لپٹی ہوئی ہیں اور نیم اندھیرے کے پیچھے تمام سرخ آنکھیں اجنبی کو گھور رہی ہیں۔ رضوان کے ٹھوکے پر میں نے بدقت تمام چسکی لی۔ تلخ ترین ذائقہ کے ساتھ دور کہیں ڈھول کی آواز کا گمان ہوا۔ جنگل۔

تو جہاں جنگل نہیں وہاں عشق عدم ہے۔ معشوق اپنی زلف کھولے، درندوں سے بے نیاز، عاشق کے وجود سے منکر کہ وہ خود ہی عاشق ہے، عشق کے سایہ میں سوتا ہے کہ یہی اصل بیداری ہے۔ راہی تو جو عاشق ہے، تو جو درندوں سے خوف زدہ ہے کہ تجھ پر جنگل اصل حقیقت ہے۔ معشوق کی جانب گامزن ہوا۔

چلم سے نکلا ہوا دھواں تعلیم گاہ کے جاری سبق کا ابتدائیہ تھا۔

ختم۔ تو سب کچھ ختم ہو گیا۔ راکھ تم کو یاد ہے۔ کہ یہ آگ کب سلگی تھی۔ مگر—۔۔۔ مگر تم تو مجھ سے منکر اور درندوں سے بے نیاز ہو۔ لیکن مجھے اچھی طرح یاد ہے چونکہ میں

اپنے آپ کا منکر اور درندوں سے بے نیاز نہیں ہوں کہ اس قسم کے وقوعہ میں بظاہر کوئی اسرار نہیں ہوتا۔ الوداع ہوتی ہوئی سرد ترین صبح میں ٹرین کی بے جان سیاہ سخت کھڑکی سے تمہارا سفید کنگن میرے ہاتھوں سے شاید اسی لیے گر گیا تھا کہ ہر ابتدا اپنے خاتمہ کی اولین گواہ ہوتی ہے۔ خیالات خشوع و خضوع کے حصار کو توڑ رہے تھے۔ مگر یہاں میری آواز سننے والا کون تھا۔؟"

—تقیہ بردار (اکرام باگ)

تو ہوا میں معلق فلسفے تھے، جنہیں بیان کرنے والا کوئی نہیں تھا۔ کہیں کوئی کردار نہیں تھا۔ ماجرا سازی نہیں تھی— کبھی مثنوی مولانا روم اٹھالی— کبھی قرآن پاک نکال کر باوضو بیٹھ گئے۔ کبھی حدیث شریف سے استفادہ کیا—ان سے دل اکتا گیا تو پنچ تنتر لے آئے—ایک جانور سے کام نہیں بنا تو پورا جانورستان لے آئے—دراصل یہ لکھنے والے نہیں تھے، یہ لوگ جورج آرویل کے مشہور زمانہ ناول "۱۹۸۴" کے Big-brother بھی نہیں تھے۔ یہ امیتابھ بچن کی ہندی فلموں کے اینگری ینگ مین بن چکے تھے—یہ کچھ بھی کر سکتے تھے—یہ سب کچھ بن سکتے تھے مگر یہ افسانہ نہیں لکھ سکتے تھے— کبھی انہیں ابن صفی متاثر کرتا تھا۔ اور کبھی ایڈگر ایلن پو کے انداز میں ان کی کہانیاں پر اسرار ہو جایا کرتی تھیں۔ دلچسپ بات یہ تھی، کہ باغی افسانہ نگار جنہیں Reject کرنے کا پرزور اعلان کرتے پھرتے تھے۔ خود ان کی کہانیوں میں وہ فضا موجود تھی—تقیہ بردار کی مکمل فضا ایسی ہے کہ آپ اس میں ورجینا وولف، جوائز یا ایڈگر ایلن پو کی کہانیوں کا عکس تلاش کر سکتے ہیں—

"ساکت پانی میں انجیر کا سوکھا پتہ گرا تو مجھے خیال آیا کہ متوقع دیدار کی کہانی میں شامل ہونے کے لیے بلا تاخیر سورج نیا پیام لیے آیا ہے۔ مجبور سورج، مجبور دنیا اور مجبور

آدمی پر طلوع ہوتا ہوا۔

چلنا ہی چاہئے ـــ راہی!

خ:و:ن:ی:ا:ل:و:ہ

یہ کوئی محلہ ہے یا جنگل؟ بندروں، لومڑیوں، ریچھوں اور بیلوں کے ریوڑ سے بچتا بچاتا اشارہ گاہ تک پہنچا۔ سامنے دروازہ پر سورج کی زرد کرنوں میں سفید زنجیروں سے بندھا کالا کتا، استقبالیہ مسکراہٹ لیے درندوں کو خوش آمدید کر رہا تھا۔"

ـــ اکرام باگ

دراصل دیکھا جائے تو بغاوت، فرار یا انقلاب کا نعرہ دینے کے باوجود یہ نسل تقلید کی پرانی روش اپنانے پر مجبور تھی۔ کہا جا سکتا ہے، یہ چھوٹا انقلابی قافلہ بار بار اپنے ہی خود کو Repeat کر رہا تھا۔ گھوم پھر کر وہی لفظ تھے۔ وہی علامتیں تھیں، جو ذرا ذرا سے فرق کے ساتھ ساتھی لکھنے والوں کی کہانیوں میں اترتی جاتی تھیں۔ یہ کہانیاں وہ آرام سے ڈرائنگ روم میں بیٹھ کر ایک نشست میں مکمل کر لیتے تھے۔۔۔ اور اس کے لیے بہت زیادہ کہانی کے پیچھے دوڑنے یا بھاگنے کی ضرورت نہیں پڑتی تھی ـــ یہ وہی دور تھا، جب اردو سے اس کا قاری دور ہو گیا ـــ دراصل یہ برس اردو فکشن کے لیے سیاہ رات کی مانند تھے اور اس سیاہ رات کی آغوش سے کسی کرشمہ کی امید کرنا فضول تھا ـــ حقیقت یہ تھی کہ ایک کہانی بار بار موضوع بدل کر خود کو دہرا رہی تھی ـــ مثال کے لیے کچھ اور کہانیوں کے اقتباس نقل کر رہا ہوں۔

"بیٹھ جاؤ!

کس لیے؟ قافلہ سالار ممیایا

مجھے ایک کہانی سنانی ہے۔

تم کون ہو؟

مجھے نہیں پہچانتے؟ ابھی کچھ دیر پہلے تم مجھے یاد کر رہے تھے۔

کیا کہا؟ میں تمہیں یاد کر رہا تھا!

جھوٹ بولنے کی ضرورت نہیں جہاں کھڑے ہو وہیں بیٹھ جاؤ—

لیکن تم ہو کون؟ قافلہ سالار نے بیٹھتے ہی پھر پوچھا

اجنبی نے جواب دینے کی بجائے چشمے سے چلو بھر پانی کے لیے ہاتھ بڑھایا تو پانی نیچے ہو کر اس کی پہنچ سے باہر ہو گیا۔

—ریگستان کا پاپ (کنور سین)

مگر وہ بوڑھا روز اپنے نواسوں کو کہانیاں سناتا تھا۔ عورت، سانپ اور نرس اور پھر ہاتھ، جہاز اور دریائے نیل، یعنی عورت سانپ، دریائے نیل اور میں نے ان کی بات نہیں جھٹلائی۔ گردن جھٹک کر سر سراتے کپڑے کو جھاڑ دیا اور یہ کہ ان کے پاس سے چلا آیا کہ اگر میں تم سے کہوں کہ میں بھی اس سلوک کا مستحق ہوں جس کے تم لوگ تھے تو کیا تم ان کا کرو گے۔

—ڈوبتا ابھرتا ساحل (شفق)

مگر بابا کو تو بس کہانی قصوں کی پڑی رہتی ہے—

—۔ ایک عورت کے دو بیٹے تھے۔ ماں تا کی ماری ماں انہیں ٹوٹ کر چاہتی تھی دونوں بھائیوں میں بڑی محبت تھی مگر کچھ لوگ انہیں لڑتے جھگڑتے دیکھنا چاہتے تھے اور آخر ان کی حکمت کامیاب ہو گئی اور—

"بابا یہ کہانی بہت بوسیدہ ہو چکی ہے۔ میرے کان کے پردے اب اسے برداشت نہیں کر پاتے ہیں" ذہن پر مزید بوجھ مت ڈالیے۔"

"بیٹا یہ تو حقیقت ہے۔ تم اسے صرف کہانی کیوں سمجھتے ہو۔؟

—مسدود راہوں کے مسافر (رضوان احمد)

"ہم جب کچھ لکھنے کے لیے ہاتھ میں قلم اٹھاتے ہیں تو وہ سب کچھ نہیں لکھتے جو ہمارے ذہن میں ہوتا ہے۔ اور ہم وہ سب کچھ نہیں سوچتے جو ہمارے ذہن اور سوچوں میں ہوتا ہے۔ لاشعور کے دروازے ایک دم بند ہوتے ہیں۔ دیکھو تو سہی بیٹی، تم اپنے امتحانی پرچوں پر کیا لکھتی ہو وہی جو دوسروں کی فکر کے الفاظ کی شکل میں ڈھال دیتی ہو— اور اپنی سوچوں کو جوں کا توں چھوڑ کر مایوس چلی آتی ہو۔ اور تحریر پھر ہمارا مذاق اڑانے لگتی ہے۔ اور ہمارے ہی کنے کاٹ کر دور دور ہنستی ہوئی چلی جاتی ہے۔"

ارے کہاں گئی بیٹی۔ میں تم سے ہی باتیں کر رہا ہوں۔

بابا الفاظ کے مفہوم سے پوری طرح واقف تھے۔ وہ اکثر کہا کرتے تھے کہ سب کچھ دیکھ رہا ہوں۔ میں بہت کچھ سن رہا ہوں۔ لیکن الفاظ میرا ساتھ نہیں دیتے ہیں۔ تعجب تو اس بات پر ہے کہ الفاظ سے مفر بھی ممکن نہیں۔

—نہیں کا سلسلہ ہاں سے (حمید سہر وردی)

دراصل "بابا" تو الفاظ کے مفہوم سے واقف تھے لیکن قمر احسن اور حمید سہر وردی کی یہ نسل الفاظ کی جادوگری یا فریب سے آگاہ نہیں تھی— ۷۰ء سے پہلے کی نسل پر کہانیوں کے ساتھ تجربہ کا الزام رکھنے والوں نے خود کہانیوں کے ساتھ اتنے تجربے کیے کہ کہانی کی باقی بچی شکل بھی جاتی رہی—دلچسپ قصہ تو یہ تھا ایسی بھید بھری کہانیاں لکھنے کے ساتھ ساتھ یہ نسل اپنا ناقد بھی تلاش کر رہی تھی—اپنے لکھے کو جائز ٹھہراتے ہوئے وہ یہ کہنے پر مجبور تھی کہ نئے دور کے نئے مسائل کے انکشاف کے لیے نئے اسلوب اور نئے انداز کو اپنانا بھی اتنا ہی ضروری ہے—چونکہ ترقی پسند اس وقت تک یہ اعلان کر چکے

تھے کہ ۶۰ء کے بعد اردو افسانہ ختم ہو گیا، اس لیے باغی افسانہ نگاروں کا یہ چھوٹا سا قافلہ، ترقی پسندوں سے ایک ہاتھ کی دوری بنا کر ہی اپنا کھیل کھیلنا چاہتا تھا—اور اس کے لیے اسے اپنے سانچے میں فٹ بیٹھنے والے ناقد کی بھی ضرورت سختی سے محسوس ہو رہی تھی— مضحکہ خیز صورت حال یہ تھی کہ کہانی کو تجربہ گاہ پر قربان کرتے ہوئے وہ اپنا قاری بھی کھونا نہیں چاہتے تھے۔

"آخر میں اردو افسانہ کی وہ شکل نظر آئی جسے نہ تو غیر معتبر قاری ہضم کر سکا اور نہ معتبر قاری قبول۔ اس کی وجہ کیا تھی؟ افسانہ کے باشعور ناقد کا فقدان—؟ بیچارہ ناقد تو شاعری کی نئی دلہن کے غمزوں میں الجھا تھا—اس خواجہ سرا کی طرف دیکھتا کون۔

کسی بھی صنف کے بارے میں پندرہ برس تک نہ لکھا جانا، خود بہ خود اس کی تباہی کا ذمہ دار ہوتا ہے۔ اردو افسانہ اس پورے دور میں Neglected رہا جس کی وجہ سے چھٹ بھیوں کی بن آئی۔ اور ایک ساتھ ہی لاتعداد افسانہ نگار انہی نقوش پر چل نکلے جو افسانہ کو ابتدا سے ہی گمراہی کی طرف لے جا رہے تھے— فکشن ہمیں عام اور خارجی زندگی سے نظم کی بہ نسبت زیادہ قریب رکھتا ہے۔ اور زندگی سے ہمارے روابط کو تقویت دیتا ہے۔ لیکن ۶۰ء کے بعد جو فنکار آئے انہوں نے انتہا پسندی سے کام لے کر افسانہ کی یہ سطح بھی مجروح کر دی۔ ساری ذمہ داری قاری کے سر ڈال کر ہم سبک دوش نہیں ہو سکتے۔"

—قمر احسن

ناقد تلاش کرنے میں اس نسل کو زیادہ دشواری پیش نہیں آئی۔ کیونکہ علوی، جعفری جیسے لوگ جہاں اس نئی کہانی کو سمجھنے یا سمجھانے کی کوششوں میں مصروف تھے، وہیں عثمانی جیسے لوگ بھی ان مصنوعی فلسفوں کو نئے نئے معنی پہنانے کی کوششیں کر رہے

تھے۔ یہ کہنا غلط نہ ہو گا کہ ان باغی افسانہ نگاروں کو غلط فہمی یا خوش فہمی میں مبتلا کرنے کا کام یہی نقاد انجام دے رہے تھے۔ کبھی ان افسانوں پر دیو مالائی اثرات تلاش کیے جا رہے تھے تو کبھی ان کے ڈانڈے اسطوری رجحانات سے جوڑے جا رہے تھے۔ اور بقول مہدی جعفر:

"داخلیت پر مبنی افسانے کی جبلی اور حسی کیفیتیں، اکثر دیو مالا کے پانیوں میں اتار دیتی ہیں—"

یہ کہنا مشکل نہیں ہے کہ افسانہ نگار نت نئے تجربہ کے طور پر فکشن کے ساتھ جو سلوک کر رہے تھے نقاد اس سے کہیں زیادہ تیاری کے ساتھ انہیں گمراہ کرنے میں مصروف تھا—

(۲)

نویں دہائی: بیانیہ کی واپسی یا قصہ پرانی بوتل نئی شراب کا

"جس طرح گلیلیو کو پھانسی دینے کے باوجود زمین گول رہی اسی طرح اسپنگلر کے تاریخی تسلسل سے انکار کے باوجود تاریخی تسلسل کا نام ہی ارتقا رہا۔ اس لیے یہ کہنا ناممکن ہے۔۔۔ کہ ۳۱ دسمبر ۱۹۷۰ء ۱۹۸۰ء یا ۱۹۹۰ء کی رات اچانک پرانا دور ختم ہو گیا۔۔۔

یا ۳۱ دسمبر ۱۹۹۹ء کی رات کے بعد ایک نئے عہد کی شروعات ہو گئی۔"

المیہ یہ تھا کہ ساتویں، آٹھویں دہائی میں کہانی کے نام جو تجربے کئے گئے اسے مسترد کرنے کا کام بھی دوسروں نے نہیں بلکہ یہ بیڑا بھی خود انہی افسانہ نگاروں نے اٹھایا—

جیسے اظہر نیازی کو ماننا پڑا—"ہم نے ڈائیلاگ، مونولاگ سے کہانی سنی اور ہم نے

آزاد تلازم کے ذریعے لاشعور کی کہانی لکھی، لیکن کوئی کہانی ایسی نہیں لکھی جس کے بارے میں اردو ادب یہ کہہ سکے کہ کہانی کی یہ تکنیک دنیائے ادب کو میں نے دی—"

اس عہد کی ایک افسوسناک صورتحال اور بھی تھی۔ یعنی اس عہد کے جو نقاد سامنے آئے تھے ان کے ذہن میں یہ بات بیٹھ چکی تھی کہ دراصل ہم نہ ہوتے تو یہ اشرف نہ ہوتے، حسین نہ ہوتے، سلام بن رزاق یا انور قمر نہ ہوتے—یعنی تخلیق کو اونچا اٹھانے "چمکانے" یا فلاپ قرار دینے کی ذمہ داری بس انہی کی تھی—یعنی تخلیق کار محض خوش فہمی کے چراغ جلا رہا تھا اور نقاد کے پو بارہ تھے—

"جن فنکاروں کی نقاد تعریف کرتا ہے وہ تو مقبول نہیں ہو پائے البتہ ان فنکاروں میں نقاد مقبول ہو جاتا ہے۔ بالکل چٹ بھی اپنی اور پٹ بھی اپنا والا معاملہ ہے۔ حقیقت یہ ہے کہ اس دور میں نقاد کے پو بارہ ہیں۔"

—وارث علوی (لکھے گئے رقعہ، لکھا گئے دفتر)

۹۰ء کے بعد طمطراق سے دھوم دھام سے بیانیہ کی واپسی ہوئی۔ بیانیہ کی واپسی کا نہ صرف جشن منایا گیا بلکہ کافی ڈھول بھی پیٹا گیا—دراصل اس بیانیہ کے ساتھ اس گمشدہ قاری کی بھی واپسی ہوئی تھی، جو پچھلی دو دہائیوں سے پس منظر میں ڈھکیل دیا گیا تھا—یہ ایک اچھی خبر تھی۔

بری خبر یہ تھی کہ ناقد کی شکل میں وہی پرانی فوج موجود تھی جنہوں نے قرۃ العین حیدر، عصمت اور منٹو کے سوا کچھ بھی نہیں پڑھا تھا۔ یا جنہوں نے ۷۰ء کے بعد کی باغی نسل کو صرف آلۂ کار بنانے کے لیے پڑھا تھا—یہ سارے وارث علوی کی طرح اس حمام میں ننگے تھے جہاں نقاد کے پو بارہ ہونے کا ڈھول پیٹا جا رہا تھا—اور ان میں کچھ ایسے نام بھی شامل تھے جو شاعری، ادب کا کام چھوڑ کر رسائل نکال کر اپنا نام چمکانے میں مصروف

تھے — ان میں وہ بھی تھے جنہیں شاعری کی دو چار سیڑھیاں بھی راس نہیں آئی تھیں، مگر وہ ادب کی پیمائش کا دم بھر رہے تھے — انہوں نے اپنے وفادار، فرمانبردار لوگوں کا ایک محدود حلقہ بنا رکھا تھا — انہیں وہ انعام دلاتے تھے، بانس پر چڑھاتے اور گراتے تھے اپنے انداز، اپنے حساب سے ادب کا سروے کراتے تھے یعنی بقول وارث، چٹ بھی اپنی اور پٹ بھی اپناوالا معاملہ یہاں بھی تھا —

ان باتوں کا اظہار اس لیے بھی ضروری ہے کہ سمجھ دار قاری کے جدید ذہن میں یہ بات بیٹھ چکی ہے کہ اس طرح کی ادبی پیمائش سے مدیر صرف اپنا بھلا سوچتا ہے، قاری کا نہیں — اور دراصل وہ اس بہانے اپنی پسند، ناپسند قارئین پر تھوپنے کی کوشش کرتا ہے۔

"۳۱ دسمبر ۱۹۹۹ء کی رات اچانک پرانا دور ختم ہو گیا یا نئے عہد کی شروعات ہو گئی —"

کہتے ہیں کہ جنگوں کے بطن سے نئی تہذیبیں جنم لیتی ہیں۔

ایک درخت بوڑھا ہوتا ہے، مر جاتا ہے۔ نئی شاخیں، نئی کونپلیں جنم لیتی ہیں —

ہم والٹیر کے شہر آفاق کردار استاد پانگلوس کی طرح سوچتے ہیں۔ جو ہو گا اچھا ہو گا، یا جو سامنے آئے گا بہتر ہو گا —

کبھی کبھی دوستوفسکی کے 'Level the mountain' کی طرح احساس ہوتا ہے، نئی تہذیب کے جنم لینے کے لیے جنگوں کا ہونا ضروری ہے۔ نئی کونپل پھوٹنے کے لیے کیا درخت کا مرنا ضروری ہے؟

تاہم یہ اطمینان ہے، ادب سے کھلواڑ کرنے والی ایک نسل تھکی تھکی اور بوڑھی ہو چکی ہے۔ ان کے کھیل بھی پرانے ہو چکے ہیں۔ اور ان کے ہتھکنڈوں سے بھی ساری دنیا واقف ہو چکی ہے۔

لیکن ان کے بعد آنے والی نسل کا بھی یہی حال ہوا تو؟

خوشی اس بات کی ہے کہ بیانیہ کی واپسی کے ساتھ ہی، بہت سارے نئے نام کے ساتھ ہم ایک نئی صدی اور ایک نئے عہد میں قدم رکھ چکے ہیں۔ اور جلد آنے والے ادبی انقلاب کی خوشگوار ہوا کے جھونکے ہمیں ابھی سے گدگدانے لگے ہیں۔

—۲۰۰۲ء

عالمی مسائل اور ہماری کہانیاں

کچھ پرانی کہانیوں سے عشق کی باتیں

عشق کی اک جست نے طے کر دیا قصہ تمام
اس زمین و آسماں کو بے کراں سمجھا تھا میں

۲۰؍ جولائی ۱۹۶۸ء خلائی طیارے سے واپس زمین پر آ کر آرم اسٹرانگ نے کہا تھا—"یہ چاند کی فتح کا چھوٹا سا قدم دراصل نوع انسانی کی لمبی جست ہے—"
نوع انسانی کی اسی جست سے ہر بار مسائل پیدا ہوتے ہیں—اور جینوئن فنکار مسائل سے آنکھیں دوچار کرتے ہوئے انہیں اپنے فن پاروں یا شہ پاروں میں جگہ دیتا آیا ہے—اردو افسانوں کے سو سالہ جشن کی تیاریوں کو ہم کافی پیچھے چھوڑ آئے ہیں۔ لیکن یہ آسانی سے کہا جا سکتا ہے کہ اردو افسانے نے ہمیشہ سے ایسے مسائل سے آنکھیں دوچار کرتے ہوئے ہی فن کی منزلیں طے کی ہیں۔ اردو کی سنہری تاریخ میں ایسے ہزاروں نام ہیں، جہاں ہر بار، ہر موقع پر اور ہر عہد میں عالمی مسائل کو سمجھنے کی کوشش کی گئی ہے۔
بہت ممکن ہے کہ پریم چند، سلطان حیدر جوش، سجاد حیدر یلدرم، سدرشن سے جلیل قدوائی اور مجنوں گورکھپوری کی کہانیوں میں آپ عالمی بازار تلاش کرنے کی سعی

کریں تو ایک ہندستانی معاشرہ آپ کو منہ چڑھانے لگے — لیکن ان کہانیوں میں بھی ایک طرف اپنی معاشی، سماجی، اقتصادی اور تہذیبی قدروں کا جو درد تھا، وہ درد یکطرفہ نہ تھا — دراصل وہ درد بھی عالمی مسائل کی کوکھ سے برآمد ہوا تھا اور ان کہانیوں میں، عالمی تناظر میں اپنے مسائل کو سمجھنے کی کوشش کی گئی تھی — ان لوگوں میں مجنوں گورکھپوری کا انداز سب سے جدا تھا۔ وہ تہذیبی اقدار کی تلاش میں اپنے عہد، سائنسی اصطلاحات سے گزرتے ہوئے نئے نئے سوالات بھی سامنے رکھتے تھے۔ کہانی سمن پوش اس کا خوبصورت نمونہ ہے۔ علی عباس حسینی کی کہانی خوش قسمت لڑکا اور میلہ گھومنی یا اشک کے ستاروں کے کھیل، رشید جہاں، عزیز احمد، فیاض محمود سے لے کر حیات اللہ انصاری تک تیزی سے بدلتے ہوئے تہذیبی پس منظر اور مسائل کا عکس تلاش کیا جا سکتا ہے — بیدی، منٹو، ملک راج آنند، کرشن چندر کے یہاں اپنے عہد کو سمجھنے کی کوششیں ایک نئے اسلوب اور نئے رنگ و آہنگ کو ہمارے سامنے رکھتی ہیں۔ ممتاز مفتی، خواجہ عباس، شمشیر سنگھ نرولا، کرتار سنگھ دگل سے ہوتے ہوئے اردو کہانی جب قرۃ العین حیدر تک کا سفر طے کرتی ہے تو جیسے ستاروں سے آگے کا تعاقب بھی شروع ہو جاتا ہے — دوستو، یہ خوش ہونے اور جشن منانے کا وقت ہے کہ اردو کہانی اپنی شروعات سے ہی جدید تر مسائل کو ساتھ لے کر چلی — اور شروعات میں ہی نئے لب و لہجے کے فنکار سجاد حیدر یلدرم اور سلطان حیدر جوش کی صورت میں ہمیں مل گئے — جن کی کہانیاں پڑھتے ہوئے کبھی بھی یہ احساس نہیں ہوا کہ ابھی اردو کہانی لنگڑاتی ہوئی اپنا سفر طے کر رہی ہے — ان کہانیوں میں زمانے سے آنکھیں چار کرنے والی ایک روشن دنیا آباد تھی اور اسی روشن دنیا کا تقاضہ تھا کہ اردو افسانہ آگے چل کر کتنی ہی تحریکوں کا حصہ بن گیا۔ ترقی پسند تحریک، جدید افسانہ، مابعد جدیدیت — نئے ہزارہ کے دس برسوں کو ہم نے الوداع کہہ دیا ہے — اور اس روشنی میں

جب اردو افسانے کا جائزہ لیتے ہیں تو اردو کے بڑے نقادوں کی طرح میں مایوسی اور تاریکی کی فضا میں سانس نہیں لیتا۔ ایک خوشگوار تاثر یہ کہ اردو افسانہ مسلسل آگے ہی آگے، نئی کائنات، نئی دنیا اور نئی منزلوں کی تلاش میں سرگرداں رہا— جدیدیت کی یلغار، اینٹی اسٹوری، تجریدی کہانی بھی ایک ضروری پڑاؤ تھا جہاں ہم عالمی مسائل سے نبرد آزما، اپنی تھکی تھکی کہانیوں کے لیے علامتوں اور فنتاسی کا سہارا لے رہے تھے— اس لیے اکرام باگ، قمر احسن کا عہد بھی اردو افسانے کے لیے ایک جدید چیلنج کا عہد تھا، جہاں بیانیہ، عہد کے مسائل سے آنکھیں چار کرتا ہوا فلسفوں کی انجانی اور ان دیکھی سرنگ میں اتر گیا تھا— مگر کھو نہیں گیا تھا— دراصل یہ ایک ٹرانزیشن پیریڈ تھا، جہاں اردو ادب غالب کی طرح نئے معنی کی تلاش میں ستاروں پر کمند ڈالنے کی تیاری کر چکا تھا۔

کچھ اور چاہئے وسعت مرے بیاں کے لیے

دوستو، اب ہم آج کی کہانی کی طرف بڑھتے ہیں جو ہمارا موضوع ہے— لیکن اس موضوع کی طرف آنے سے قبل ضروری یہ تھا کہ اردو کہانی کے آغاز سفر کی جھلک بھی آپ کو دکھا دی جائے— سن ۱۹۷۰ء کے بعد اردو کہانی میں نئی تبدیلیاں رونما ہو رہی تھیں— اور ادھر عالمی سطح پر بھی نئے نئے مسائل جنم لے رہے تھے۔

یہ مسائل تصوف یہ ترا بیان غالب

چھوٹی سی ہماری یہ دنیا واقعات کے کہرے میں گم ہوتی جا رہی تھی۔ پہلی اور دوسری جنگ عظیم نے ایک نئی تہذیبی، اقتصادی اور معاشی صورتحال کو جنم دیا تھا۔ ۱۹۴۵ء میں جب دوسری عالمی جنگ ختم ہوئی تو نہ صرف ایک دنیا تبدیل ہو چکی تھی بلکہ ایک نئی دنیا، نئی

تبدیلیوں اور نئے مسائل کے زیر سایہ جنم لینے کی کوشش کر رہی تھی۔ ہٹلر کی برلن میں خودکشی، جرمنی کا ڈھیر ہونا، امریکہ، برطانیہ، فرانس اور سوویت یونین جیسی نئی طاقتوں کا سر اٹھانا—جنگ کے اثرات عالمی نظام کے لیے بہت گہرے تھے—امریکہ ایٹم بم بنانے اور استعمال کرنے والی پہلی طاقت کے طور پر سامنے آچکا تھا۔ سرد جنگوں نے دنیا کو الگ الگ بلاکوں کے طور پر تقسیم کر دیا تھا—اور اسی نئے عالمی نظام نے برطانوی حکومت کے خاتمے کا اعلان بھی کیا—اور ادھر نو آبادیاتی عہد میں پستی ہوئی قومیں تھیں جنہیں از سر نو نئے نظام میں واپس آنا تھا۔ ہندستان کے لیے بھی نئے چیلنج کی شروعات کا عہد تھا—غلامانہ عہد کا خاتمہ، تقسیم اور ہندستان کی آزادی نے کہانیوں کے لیے نئی زمینیں فراہم کی تھیں—یہ حقیقت ہے کہ تقسیم کا سب سے زیادہ اثر اردو اور پنجابی زبان پر ہوا—نتیجہ، اس کے اثرات سے سب سے زیادہ کہانیاں بھی انہی دونوں زبانوں میں لکھی گئیں—اب ایک بدلتا ہوا ہندستانی سماج اور معاشرہ تھا۔ عالمی جنگوں سے باہر نکلنے کے بعد نئی نئی جنگوں کے میزائل ہمارا انتظار کر رہے تھے—فرقہ وارانہ دنگے، بھوک سے ماحولیات تک ایک نئی جنگ سامنے آچکی تھی—تہذیبوں کے تصادم سے نئی تہذیبیں فروغ پا رہی تھیں اور آسانی سے ان کا اثر ہماری کہانیوں میں تلاش کیا جاسکتا تھا۔

ایک بے حد سہمی ہوئی خوفزدہ کرنے والی صدی کے دس سال گزر گئے—دس بھیانک سال—جس نے ہزاروں خوفناک واقعات سے صدی کے سینے میں سارتر کے Iron in the soul کو رکھ دیا تھا۔ ساری دنیا میں بھوک مری اور غریبی لوٹ آئی تھی۔ تیل کی قیمتیں آسمان چھو گئیں—شیئر بازار لڑھک کر گر پڑا—ہزاروں بینکوں کو دیوالیہ قرار دیا گیا۔ ابوذہبی اور دبئی جیسے جدید مراکز ہل گئے—امریکی کرنسی گریٹ ڈپریشن کا شکار ہوئی، ماحولیات کے تحفظ کے لیے نئے نئے ماڈل بنائے گئے۔ جو ناکام

رہے — انٹارکٹکا کے بڑے بڑے گلیشیرس سمندر میں گم ہو گئے۔ سر جوڑتے ہوئے دنیا کے تمام سائنس دانوں نے اپنا فیصلہ سنا دیا — انسانی ترقی اور کامیابی کی کہانیاں ہی در اصل انسانی بربادی کی اہم وجوہات ہیں۔ ایک طرف دہشت پسندی ہے — دوسری طرف مہاماری — سوائن فلو اور سارس جیسی نئی بیماریوں سے لڑتے ہوئے لوگ — کامیابی کا ہر قدم ایک نئی بیماری لے کر سامنے آ رہا ہے۔ شوگر، ہائپر ٹینشن، بلڈ پریشر، ایڈز، ہارٹ اٹیک — 9/11 سے گجرات اور 26/11 تک ایک خوفزدہ کرنے والی تہذیب ہمارا استقبال کرتی ہے۔ بین الاقوامی معاہدے، سمجھوتے، قوانین، قواعد و ضوابط سب طاق پر رکھے رہ جاتے ہیں اور ایک نئی سنگین دنیا نئے وائرس کے ساتھ ہمارے سامنے آ جاتی ہے۔ عرصہ پہلے ڈارون نے اوریجن آف اسپیسیز لکھ کر مذہب کو چیلنج کیا تھا — آج ایسے مذاہب کی جگہ مذہب اسلام عالمی دہشت گردی کی علامت ہے۔ صیہونی سازشیں ہیں اور حضرت محمد صلی اللہ علیہ وسلم پر کارٹون بنائے جا رہے ہیں —

گلوبل دنیا اور گلوبل وارمنگ کے اس عہد میں الگ الگ اخلاقیات کے عفریت ہمیں حصار میں لیے کھڑے ہیں — اور جیسا کہ ان دنوں مغرب کے بارے میں کہا جا رہا ہے کہ وہاں کے بنیادی مسائل نہ تو معاشی ہیں اور نہ ہی آبادی کا بڑھنا — بلکہ اصل مسئلہ ہے 'تہذیبوں کا گم ہونا — ایک نیا سیاسی بحران سامنے ہے — دہشت پسندی اور القاعدہ تہذیب ہے، جس کی جڑیں بنیاد پرستی سے زیادہ دہشت پسندی کی زمین سے وابستہ ہیں۔ ایک طرف پاگل، بھاگتی دنیا ہے۔ ریس ہے — تباہیاں ہیں — پراڈکٹ ہے — برانڈ ہے — یہاں ہندستان بھی ایک برانڈ ہے — جسے ہالی وڈ بازار او تار اور 2010 جیسی فلموں کے ذریعہ اس بازار پر قبضہ کرنا چاہتا ہے۔

پہلے اتنی ترقی نہیں تھی — میڈیاز نہیں تھے۔ سیکس ایجوکیشن نہیں تھا — سائبر

ورلڈ نہیں تھا۔ اب ایک تیزی سے بدلتی ہوئی دنیا ہے — اور اس دنیا میں فیس بک سے گوگل، یوٹیوب، زوم سے Padora تک انفارمیشن ٹیکنالوجی سے سیکس اور پورن سائٹس کی بھی ایک بڑی دنیا آباد ہے — جنسی اشتعال انگیزی میں گم ایشیا کا ایک بڑا بازار ہے — چھوٹے چھوٹے پانچ سے گیارہ سال کے نئے بچوں کے بلیو پرنٹ ہیں اور دیکھنے والی ہزاروں بوڑھی آنکھیں — سیکس کے اس بازار میں اب رشتے اور ننھے بچے تک آ گئے ہیں۔ ایک طرف عالمی ثقافت کے بازار میں سیکس ٹورزم کو جگہ مل رہی ہے — اور دوسری طرف کنڈومس کو کھلونوں پھلوں کی نئی نئی شکلیں دی جا رہی ہیں — انڈیا ٹوڈے اور آؤٹ لک جیسے جریدے سیکس پر سروے کرا رہے ہیں — اسکول کالج میں پڑھنے والے بچے برانڈیڈ انڈرویئر کو دکھاتے ہوئے خوشی محسوس کر رہے ہیں اور شاید اس لیے ہمارے یہاں سچ کا سامنا، روڈیز شو اور ایموشنل اتیاچار جیسے پروگرام دیکھنے والوں کی تعداد بڑھتی جا رہی ہے — ایک طرف عالمی دہشت پسندی ہے اور دوسری طرف نئی تہذیب سے برآمد ہونے والا کنڈوم کلچر — اور دوستو، یہ نئی دنیائیں اقبال مجید سے لے کر شموئل احمد تک کہیں نہ کہیں ہماری کہانیوں کا حصہ بن رہی ہیں — بھوک سے عالمی دہشت گردی اور ماحولیاتی آلودگی سے سپر پاور بننے کی ریس میں ہزاروں مسائل ہیں جن کا سامنا سیاست سے عام آدمی اور ادیب و فنکار تک سب کر رہے ہیں۔ 9/11 کے دل دہلا دینے والے حادثے نے مسلمانوں کو عالمی سطح پر دہشت گرد بنا رکھا ہے اور اس کا خمیازہ دنیا کے تمام مسلمانوں کو اٹھانا پڑ رہا ہے۔

The reluctant fundamentlist میں 9/11 کے بعد محسن حامد ایک ایسے ہی نوجوان مسلمان کردار چنگیز کو سامنے لاتا ہے جسے بدترین مشکلات کا سامنا کرنا پڑ رہا ہے — ابھی حال میں طاہر نقوی کی کہانی موسم بدلتے ہوئے عالمی مسائل کے اسی

خطرناک تیور کی طرف اشارہ کرتی ہے — کیتھرین سے محبت کرنے والا ایک مسلمان — لیکن جب کیتھرین کو معلوم ہوتا ہے کہ اس کا محبوب ایک مسلمان ہے تو وہ اسے جیل بھیج دیتی ہے۔

مرحوم شفق اپنے ناول بادل میں 9/11 کے حادثے کو اردو قارئین کے سامنے رکھتے ہیں —

"تیسرا پلین پنٹاگن کے فوجی ہیڈ کوارٹر سے ٹکرایا ہے۔ آگ پھیلتی جارہی ہے۔ خیال ہے کہ وہ پلین وہائٹ ہاؤس سے ٹکرانے جارہا تھا — یہ سب کیا ہو رہا ہے — خالد نے بھاری دل سے سوچا — مسلمان خوشیاں مناتے ہوئے اپنی تصویریں کیوں کھنچوا رہے ہیں؟ انہیں حادثے کے ساتھ کیوں دکھایا جارہا ہے — نام لیے بغیر بھی یہ سمجھا جاسکتا ہے کہ اس حادثے کے ذمہ دار مسلمان ہیں اگر وہ حادثے کے ذمہ دار نہیں ہیں تب بھی وہ اتنے سیڈسٹ ہیں کہ اس بڑے حادثے پر دکھ کے بجائے ناچ گاکر خوشی کا اظہار کر رہے ہیں —"

شفق کے غور و فکر کا یہ عمل بے معنی نہیں ہے — امریکی ایئرپورٹ پر مشہور اداکار شاہ رخ خاں کو مسلمان ہونے کے نام پر بے عزت کیا جاتا ہے — آسٹریلیا میں مقیم ایک نوجوان ہندستانی ڈاکٹر کو واپس ہندستان بھیج دیا جاتا ہے — اور ایسے ہزاروں واقعات کی روشنی میں ہمارا اردو افسانہ نگار عالمی دہشت گردی کی روشنی میں نئی نئی کہانیوں کو جنم دیتا ہے — اور اس کا عکس آسانی سے ترنم ریاض، عبد الصمد، غضنفر، حامد سراج، زاہد یعقوب عامر، عاصم بھٹ، ساجد رشید، سید محمد اشرف سے لے کر آسٹریلیا میں مقیم اہم ناول نگار اشرف شاد تک تلاش کیا جاسکتا ہے — اشرف شاد کے تینوں ناول وزیر اعظم، بے وطن اور صدر اعلیٰ میں صرف پاکستانی آمریت کی جھلک نہیں ہے بلکہ اس کے پس پردہ عالمی نظام اور مسائل کا وہ چہرہ بھی محسوس کیا جاسکتا ہے جو سپر پاور ہونے کے آڑ میں آہستہ

آہستہ کمزور ممالک کو نگلتا جا رہا ہے—

"اگر وادی تمہارے سامنے کھڑا ہے۔۔۔ جو پینسٹھ برس کا ہندو ناگرک ہونے اور چالیس برسوں تک ہندوستان پولیس کی نوکری کرنے کے بعد بھی۔۔۔ ہندستان کا درد سینے میں پالے ہوئے ہے۔۔۔ ہندستانی پولیس کا یہ ریٹائرڈ آئی جی، آج اگر زندہ ہے تو صرف پاکستان کی دھرتی۔۔۔ راولپنڈی کی مٹی کو چومنے کی آس میں۔۔۔ جہاں اس کا جنم ہوا تھا۔۔۔ جسے اپنا کعبہ اور مدینہ سمجھتا تھا۔۔۔ لو۔۔۔! گرفتار کرو اس اُگر وادی کو۔۔۔ اگر تم اس اُگر وادی کو گرفتار نہیں کرو کہ اس نے اپنے کعبہ، کی زیارت کے لیے، ایک معصوم سا جھوٹ بولا۔۔۔ کم عقل انسان۔۔۔ وہ اگر وادی نہیں۔۔۔ وہ تو شبھ چنتک ہے۔۔۔ تمہارا بھی۔۔۔ میرا بھی۔۔۔ اور اس دھرتی کا بھی۔۔۔!

(شبھ چنتک: گلزار جاوید)

"کچھ نہیں پتہ کون کس کو مار رہا ہے۔ لگتا ہے سب اجتماعی خودکشی پر تل گئے ہیں— پاگل پن کا پلیگ ہے جو پورے شہر میں پھیل گیا ہے— بے نشان بندوقوں سے گولیاں نکل کر آتی ہیں اور لہو چاٹ جاتی ہیں۔ پولیس مقابلے ہوتے ہیں، جن میں چلنے والی گولیاں صحیح نشانوں پر پہنچ کر سینے چھلنی کرتی ہے— بوریاں اپنا منہ کھول کر آنکھوں پر پٹی بندھی ہوئی لاشیں اُگلتی ہیں— عمارتوں میں راکٹ پھٹتے ہیں۔ شہر میں بے روزگار نوجوانوں کی فصلیں تیار کھڑی ہیں جنہیں کاٹنے والا کوئی نہیں۔ سیاست کرنے والے بے حس گورکن بنے، قتل گاہوں پر طاقت کے تخت بچھائے بیٹھے ہیں"

—اشرف شاد (وزیر اعظم)

"میں وہ آخری آدمی ہوں جو پردیس کو وطن بنانے کا مشورہ نہیں دوں گا۔ لیکن تمہارے حالات ایسے ہیں کہ تمہیں اپنے گھر والوں کا مشورہ مان لینا چاہئے۔ واپس گئے تو تم

اپنے گھر والوں کے لیے ایک اور مسئلہ بن جاؤگے۔ جذبات میں بہہ کر اس نسل میں شامل ہو جاؤگے، جو جیل جا رہی ہے۔ یا گولیاں کھا رہی ہے—اس وقت تمہارا جانا واقعی صحیح نہیں ہو گا—"

—اشرف شاد (ناول سے)

"میں کیا کروں، میں جب سوچتا ہوں مجھے وہ منظر یاد آ جاتا ہے، جب میری چھوٹی سی فیملی کے ہر فرد کو انتہائی بے دردی سے قتل کر دیا گیا تھا اور پھر اپنے چھوٹے چھوٹے پاؤں سے چل کر یہاں تک پہنچا تھا۔ لیکن ہمیں صرف لمبی لمبی سڑکیں دے دی گئیں اور کہا گیا کہ چلتے رہو۔۔۔"

(بے خدا کمرہ: طاہر مسعود)

ان تمام تر کہانیوں کا ہیرو وقت ہے۔ لیکن یہ بھی سچ ہے کہ ساری کہانیاں عالمی مسائل کی کوکھ سے جنمی ہیں۔

تقسیم کے بعد بلکتے پاکستان کو نظر انداز کرنا ممکن نہیں تھا۔ تہمینہ درّانی جیسی انگریزی ادیبہ نے بھی پاکستان کے ہولناک معاشرے کو قلم بند کیا ہے۔ یہی نہیں انور سین رائے کی 'چیخ' سلگتے پاکستان کی چیخ ثابت ہوئی:

"ہمیں بتاؤ تمہیں کس بات کا ڈر ہے ہم تمہیں مکمل تحفظ دینے کا وعدہ کرتے ہیں۔ ہمیں بتاؤ کہ تم کن لوگوں کے ساتھ مل کر اخبار نکالتے تھے اس کے لیے رقم تمہیں کہاں سے، کیسے ملتی تھی؟ اخبار کو کہاں کہاں تیار کیا اور کہاں چھاپا جاتا تھا؟ اس کے لیے مضامین کون کون لکھتا تھا اور پھر اس اخبار کو کس طرح تقسیم کیا جاتا تھا اور کون کون تقسیم کرتا تھا؟" وہ بولتے بولتے تھوڑی دیر کے لیے رک گیا اور میں سوچنے لگا: میں جس اخبار کو نکالنے کے لیے کام کرتا ہوں اس کا میری بیماری سے کیا تعلق ہو سکتا ہے اور جو کچھ یہ ڈاکٹر

پوچھ رہا ہے اس میں سے بہت سی باتیں تو خود اخبار دیکھ کر معلوم کی جاسکتی ہیں — کوئی ایک بات بھی ایسی نہیں جسے معلوم کرنے کا کسی کی بیماری سے، خاص طور پر ذہنی بیماری سے کوئی تعلق ہو— میں نے ساری باتیں اسے بتا دیں لیکن اس نے صرف اتنا کہا "تم واقعی ایک احمق آدمی ہو۔"

(چیخ: انور سین رائے)

عاصم بٹ کا 'دائرہ' اسی سلسلے کی اہم کڑی ہے۔ یہاں پاکستانی مارشل لائ، پاکستانی فوجی حکومت اور تقسیم کے ۶۲ برسوں کے سینسر شپ میں پستا ہوا ہر ایک آدمی ایک مسخرہ ہے یا اسٹیج ایکٹر یا کٹھ پتلی، جس کا سرا ہمیشہ سے پاکستانی تاناشاہوں کے پاس رہا ہے۔ عوام کو صرف اشارے پر اپنا کرتب دکھانا ہے یا اپنا 'رول' پلے کرنا ہے— آہستہ آہستہ پاکستانی فضا ان بندشوں سے آزاد ہو رہی ہے۔ مرد اور خاتون افسانہ نگاروں کی ایک لمبی قطار سامنے آچکی ہے۔ یہ قطار بے خوفی کے ساتھ اپنی ذمہ داریاں نبھا رہی ہیں۔ حمید شاہد سے آصف فرخی، طاہرہ اقبال، مبین مرزا تک آپ ان کی کہانیوں میں پاکستان کے بہانے عالمی مسائل کی جھلک محسوس کر سکتے ہیں۔

عالمی مسائل اور نئی اردو کہانی کی بازگشت

سن ۲۰۱۰ء آتے آتے اردو دنیا کی صورتحال یکسر تبدیل ہو گئی۔ وہ دنیا میں جس کے بارے میں حد سے زیادہ مایوس ہو چکا تھا، یکایک مجھے زندگی کی رمق دکھائی دینے لگی —اذکار، اثبات، تحریر نو، تحریک ادب ایک ساتھ کئی ادبی رسائل کی یلغار ہوئی اور پھر

دیکھتے ہی دیکھتے دو تین برسوں میں نئے لکھنے والوں کا ایک قافلہ آگیا—اچھی بات یہ تھی کہ اردو کہانی ابھی بھی اپنے محدود کینوس میں مقید نہیں تھی، بلکہ اس کی نظر عالمی مسائل پر بھی تھی۔ اس لیے یحییٰ نشاط سے نسیم ساکیتی تک ایسے لوگ بھی سامنے آرہے تھے جو کوپن ہیگن میں ماحولیات کی ناکامی پر بھی افسانہ رقم کرنے کی صلاحیت رکھتے تھے۔ جو فضا میں پھیلتے کاربن منو آکسائیڈ کی تشویش ناک صورتحال کو بھی دیکھ کر افسانے لکھ رہے تھے اور ساتھ ہی بھوک، دہشت گردی، نکسل واد کے مسائل کو عالمی اُفق پر دیکھنے کی کوشش کر رہے تھے—اسی عالمی نقشہ پر پانی بھی مسئلہ ہے اور دیکھئے رضوان الحق نے کس خوبصورتی سے اس مسئلہ کو اپنے افسانہ، تعاقب، میں پیش کیا ہے—

"گلوب کے تعلق سے اس کی ایک عادت یہ بھی ہے کہ جب وہ شدید ذہنی انتشار میں ہوتا ہے تو اس گلوب کو بہت تیزی سے گھمانے لگتا ہے۔ پھر کوئی ملک اپنی سرحد کے ساتھ نظر نہیں آتا ہے، تمام سرحدیں مٹ جاتی ہیں اور صرف عالمی جغرافیہ رہ جاتا ہے، اس جغرافیہ میں پہاڑ، جنگل، جھیلیں، چرند پرند، آسمان، آسمان پر اڑتے ہوئے بادل اور دور تک پھیلا ہوا سمندر، سب کچھ موجود ہوتا ہے۔ اس کا جی چاہتا ہے کہ یہ گلوب ہمیشہ اسی رفتار سے گھومتا رہے اور تمام سرحدیں ہمیشہ کے لیے مٹ جائیں۔ صرف عالمی جغرافیہ بچے۔ گلوب دیکھتے ہوئے ایک سوال اسے بہت پریشان کرتا ہے کہ دنیا کا تقریباً دو تہائی حصہ پانی پر مشتمل ہے۔ پھر بھی دنیا کی آبادی کا ایک بڑا حصہ زندگی کرنے کے لیے ضروری پانی سے کیوں محروم ہے؟

دراصل بے حد خاموشی سے فنکار عالمی مسائل کو اپنے مسائل سے جوڑ کر ایک نیا زاویہ دینے کی کوشش کرتا ہے۔ اسی لیے آج اردو کہانی میں پہلے سے کہیں زیادہ انسانیت، امن و آشتی اور دہشت گردی پر مبنی تجزیاتی کہانیوں کی تعداد بڑھنے لگی ہے۔ شوکت

حیات، حسین الحق، معین الدین جینا بڑے، رحمن عباس، اسرار گاندھی اور صدیق عالم کی کہانیوں میں ایسے مسائل کی تڑپ دیکھی جاسکتی ہے۔

"اس وقت صرف انسان زندہ رہ گیا تھا، باقی سب کچھ مر گیا تھا۔ آج صرف انسان مر گیا ہے باقی سب کچھ زندہ ہے۔ کیا ہو گیا ہے اس شہر کو؟ پہلے ایسے حادثات تو کبھی نہ ہوئی تھے، سنو، میری بھی رائے یہی ہے کہ شام کو جب تھوڑی دیر کے لیے پہرے ہٹیں تم کسی محفوظ جگہ چلے جاؤ۔ میں تمہیں کھونا نہیں چاہتی۔"

اسرار گاندھی (راستے بند ہیں)

"میں کسی فرشتے میں یقین نہیں رکھتا۔" وہ دھیرے دھیرے کہتا ہے۔ "کیونکہ میں جانتا ہوں اب ہم انسان ایسی چیز نہیں رہے کہ اس کے لیے کوئی فرشتہ خدا کی طرف سے پیغام لے کر اترے۔ شاید ہمیں اب اس کے بغیر ہی کام چلانا ہو گا۔ یوں بھی جب اتنی ساری کھائیاں ہمارے چاروں طرف بن چکی ہوں تو انہیں لانگھنا تو پڑتا ہی ہے، چاہے اس کوشش میں ہم اس کی نذر ہی کیوں نہ ہو جائیں۔" (صدیق عالم-الزورا)

یہاں اعتبار کی بجھتی ہوئی قندیل ہے—انسان یا انسانیت کو زندہ دیکھنے کی ایک موہوم سی امید ہے—خدا کی ذات سے منکر ہونے کی کیفیت ہے—اور یہ تمام کیفیتیں اُس نئے بحران سے پیدا ہوئی ہیں، جو ہمارے سامنے ہے—جہاں راستے گم ہیں—اور زندگی اپنے معنی و مفہوم گم کر چکی ہے—

یہ نئی دنیا پاگل کرنے والی ہے

دوستو، اس سے قبل کہ اس گفتگو کو آگے بڑھایا جائے، اس نئی دنیا کا تعارف آپ

سے ضروری ہے، جس کے بارے میں جوزف براڈسکی نے لکھا—

"جب آپ ٹائی کی ناٹ باندھتے ہیں۔

لوگ مر رہے ہیں—

جب آپ اپنے گلاسوں میں اسکاچ انڈیلتے ہیں

لوگ مر رہے ہیں

جب آپ نئے خداؤں کے آگے سجدہ کرتے ہیں

لوگ مر رہے ہیں—"

ایک بھیانک دنیا—کچھ عجیب سے سچ—اور تماشا دیکھنے والے ہم—سماجی آئین سے الگ ایک نئی اخلاقیات سامنے آچکی ہے—آسٹریلیا کے حوالے سے ایک خبر آئی کہ ایک شیرنی، ایک چھوٹی سی بلی کی محافظ بن گئی—انگلینڈ کے ایک جنگل میں کتے اور بھالو ساتھ ساتھ کھیلتے پائے گئے—دنیا کے سب سے چھوٹے ماں باپ ۱۵ سال کے بچے ہیں—نئی تکنالوجی سائبر ورلڈ، ایک تیزی سے بدلتی ہوئی دنیا اور پگھلتے ہوئے گلیشیرس—نیوزی لینڈ کی عورت نے اپنے گھر سے دو بھوت پکڑے—ایک بوتل میں بند کیا اور آن لائن خریدار مل گئے—ہم ایک ایسے عہد میں ہیں جہاں کچھ بھی فروخت ہو سکتا ہے—در اصل ہمیں انفرادی و اجتماعی طور پر حیوان بنانے کی تیاری چل رہی ہے—نئی قدریں تشکیل پا رہی ہیں۔ سپر مارکیٹ، انڈیا شائننگ اور 2050 تک انڈیا کو سب سے بڑی طاقت کے طور پر پیشن گوئی کرنے والے بھی نہیں جانتے کہ وہ اس پور انڈیا کو کہاں لے آئے ہیں—کمرشیل ٹی وی شوز سیکس کی آزادی کا پیغام لے کر آرہے ہیں اور تہذیب بلاسٹ کر چکی ہے—اور دوسری طرف ڈی ان اے، جینوم، کروموسوم اور جین کے اس عہد میں تہذیب و تمدن کی نئے سرے سے شناخت ہو رہی ہے کہ سب سے قدیم انڈین کون

تھے — دراوڑ یا انڈمان جزائر میں رہنے والے — یا پھر منگولیائی — جہاں ایک طرف کینسر' ایڈز، ڈائبٹیز اور ہارٹ اٹیک پر فتح پانے کے لیے میڈیکل سائنس کے نئے دروازے کھل رہے ہیں — اور یہیں کامن ویلتھ گیمس کے لیے ایک بڑی آبادی بھوکوں مار دی جاتی ہے — یہاں آئی پی ایل کے بلّے چمکتے ہیں — اور نندی گرام میں کسانوں کو زندہ جلا دیا جاتا ہے —

موجودہ عالمی مسائل پر گفتگو کرتے ہوئے اس بھیانک دنیا کا تذکرہ ضروری ہے۔ لیکن ایک بڑا سوال یہ بھی ہے کہ اس بد سے بدتر ہوتی دنیا کا مکروہ چہرہ کیا ہماری کہانیوں میں نظر آرہا ہے — یا صرف ہمارے فنکار اشارے اور گواہیوں سے کام چلا کر آج بھی سرسری طور پر ان واقعات سے آنکھیں چراتے ہوئے گزر جاتے ہیں — اگر ایسا ہے تو مجھے کہنے دیجئے یہ فن کے ساتھ کوئی ایماندارانہ رویہ نہیں ہے — موجودہ عالمی سماج کے اہم مسائل بھوک، پانی، آلودگی، اور دہشت پسندی کے تناظر میں جو دنیا ہمیں ہاتھ لگتی ہے وہ جنگوں سے برآمد شدہ دنیا ہے — لیکن صرف اتنا کہنا کافی نہیں ہے۔ کہانی کار کے طور پر ہمیں اس کا تجزیہ بھی کرنا ہے — وحشت، بربریت، دہشت اور انتہا پسندی کی بھیانک داستانیں ہیروشیما اور ناگاساکی کی تباہی کے بعد آج بھی رقم کی جارہی ہیں۔ اب نئے اندیشے اور خطرات ہیں — عراق اسی طرح تباہ ہوا جیسے ایک زمانے میں امریکہ نے یوگوسلاویہ کو تباہ و برباد کیا تھا — 9/11 کے بعد افغانستان کی بربادی بھی سامنے ہے۔ ایران کو تہہ تیغ کرنے کی دھمکیاں بھی سنائی جاچکی ہیں۔ روسی قیادت دوبارہ سپر پاور بننے کا خواب دیکھ رہی ہے۔ چین اپنی سیاست کر رہا ہے — عراق اور افغانی جنگ نے امریکہ کو اقتصادی طور پر کھوکھلا کر دیا ہے — ساری دنیا بھوک مری کا شکار ہے — امن خطرے میں ہے — نئے صارف کلچر میں جنس پرستی کو فروغ دیا گیا ہے — آزادی آزادی کی رٹ

لگانے والوں کے لیے 9/11 کے بعد آزادی صرف ایک کھوکھلی حقیقت ثابت ہوئی ہے—

کیا اردو کا ادیب عالمی مسائل کی روشنی میں ان دور رس بھیانک نتائج سے آگاہ ہے؟ ڈپٹی نذیر احمد سے شمس الرحمن فاروقی کے ناول تک ایک تہذیبی ناسٹلجیا تو دیکھنے کو مل جاتا ہے لیکن اس پر آشوب عہد کی آگاہی و عکاسی کہیں بھی نظر نہیں آتی—ہاں، پاکستانی فنکاروں میں سچ کا سامنا کرنے والی تحریریں بڑی تعداد میں مل جائیں گی۔ اسد محمد خاں سے لے کر آصف فرخی، طاہرہ اقبال، مبین مرزا اور حمید شاہد تک عالمی مسائل پر لکھی جانے والی تحریروں کی کوئی کمی نہیں۔ حمید شاہد کے سورگ میں سور جیسے افسانے کے بارے میں احمد طفیل کی رائے ہے کہ یہ افسانہ عالمی معاصر صورتحال کے خلاف احتجاج ہے—زیادہ تر نقادوں نے اس مجموعے کے افسانے کو 9/11 کے بعد کے حالات سے جوڑ کر دیکھا ہے—سید مظہر جمیل کے مطابق ان کی کہانی مرگ زار ایک ایسی کہانی ہے جو افغانستان کے چٹیل اور سخت کوش معاشرے میں گزشتہ تین عشروں سے جاری وحشت و بربریت کے پس منظر میں لکھی گئی ہے— نسیم بن آسی گیلارڈ ہوٹل کے بہانے اسی خوف و تشکیک کی فضا کو سامنے رکھتے ہیں — نوجوان ناول نگار رحمن عباس اپنے نئے ناول ایک ممنوعہ محبت کی کہانی میں کوکن کے مسلمانوں کے بہانے عالمی مسائل کے تناظر میں اس خوف کو ایک کردار کے ذریعہ پیش کرتے ہیں—

'وہ ہمارے کلچر کو ختم کر دیں گے۔'

تاریخ کی طرح ارتقاء کے نئے سفر کا سلسلہ ہنوز جاری ہے—اور شاید اسی لیے فہمیدہ ریاض اپنے افسانہ 'قافلے پرندوں کے' کے ساتھ نئی دنیا کا جواز بھی تلاش کر لیتی ہیں۔

دھرتی کے دونوں نصف حصے ایک دوسرے میں دوبارہ پیوست ہو گئے۔ زمین پھر سے سالم ہو گئی اور اس نے سمندروں اور سبزہ زاروں کی نیلمی اور زمردی قبا اوڑھ لی۔ پرندوں نے اطمینان کا سانس لیا۔

"یہ کیا تھا؟" پرندوں نے پوچھا۔

"کو ئلہ" ہد ہد نے کہا، "کو ئلہ، گیس اور تیل۔۔۔ اور اب ہمارے سفر کا دراصل آغاز ہو گا۔ تم تھک تو نہیں گئے؟"

اردو افسانہ تھکا نہیں ہے۔ لوگ کم ہیں۔ لیکن آنے والوں کا سلسلہ جاری ہے۔ فہمیدہ ریاض سے رضوان احمد، مبین مرزا اور حمید شاہد تک عالمی مسائل کے پس پردہ کہانیاں لکھنے والوں کی کوئی کمی نہیں۔ بزرگ اور تھکے ہوئے نقادوں کے گزر جانے کے بعد ہی ان کہانیوں کا صحیح تجزیہ ممکن ہے۔

۲۰۱۱ء——

اردو فکشن کا باتھ ٹب

کیا نقاد کو ریجکٹ کرنا ضروری ہے؟

کیا یہ اردو فکشن کی تنقید کا 'آخری موسم' ہے—چونکیے مت—اس میں چونکنے جیسی کوئی بات نہیں ہے۔ آخری موسم، کہیے یا گنتی کے چند روز—یہ افسوس کا نہیں، حیرت کا مقام ہے کہ آخر ایسا سوچنے کی وجہ کیا ہے۔ کچھ عرصہ قبل ماہنامہ شاعر میں ایک مکالمہ کے تحت میں نے دریافت کیا تھا کہ وہ افسانہ نگار جو بیس تیس برس قبل اردو فکشن کے افق پر طلوع ہوئے تھے، اتنی دہائیاں گزارنے کے بعد بھی انہیں نوجوان نسل کہنے کا جواز کیا ہے؟

اس مکالمہ پر کافی باتیں ہوئی تھیں—جواب صاف تھا—اس لیے جواب آسانی سے لوگوں کی سمجھ میں آگیا۔ یعنی اردو میں مایوسی کی حد تک نئے قلم کاروں کی عدم شمولیت—

دکھایئے، نئی نسل کہاں ہے؟

نئی نسل ہے ہی نہیں—گنتی کے دو چار لکھنے والوں کو نئی نسل کے نمائندے نہیں کہا جا سکتا۔ کون پڑھ رہا ہے اور کون لکھ رہا ہے—کئی رسائل تاخیر سے محض اس لیے شائع ہو رہے ہیں کہ کہانیاں نہیں ہیں—سرکاری رسائل محض خانہ پری کرنے پر مجبور ہیں۔

اس لیے، اس سوال سے آنکھیں مت چرائیے کہ کیا یہ فکشن کی تنقید کا آخری موسم ہے۔ اردو میں کہانیاں ہی نہیں ہوں گی تو نقاد کہاں سے پیدا ہوں گے۔

یہ ہندستان کی صورتحال ہے۔ پاکستان کی صورت حال ذرا مختلف ہے۔ غور کیا جائے تو پاکستان کی ادبی صورتحال کم و بیش وہی ہے جو ہمارے یہاں ہندی کی ہے۔ گو، نئی نسل کے گم ہو جانے کا ماتم وہاں بھی منایا جا رہا ہے۔ (دیکھئے اداریہ ہنس، فروری ۲۰۰۲ء) لیکن ہندی میں فضا ابھی اتنی سنگین نہیں ہوئی ہے۔ پبلشر سے لے کر روز روز نئے لکھنے والوں تک — صرف نئے لکھنے والوں تک نہیں بلکہ بیحد اچھا لکھنے اور تیزی سے ادب میں اپنی جگہ مضبوط کرنے والوں کی کمی نہیں ہے۔ پبلشر پیسہ بھی دے رہے ہیں اور نام بھی۔ ہندی کے زیادہ تر ادبی نئے رسائل نئے لوگوں کے لیے خصوصی شمارے کا بھی اعلان کرتے رہے ہیں — ان کا فائدہ لکھنے والوں کو ہوا ہے۔ پاکستان کے موجودہ ادبی منظر نامے سے بھی مایوس ہونے کی ضرورت نہیں ہے — مایوسی کی فضا صرف ہندستان میں پیدا ہوئی ہے — اور جیسا کہ میں نے پہلے بھی اس کے خلاف آواز اٹھائی ہے، بہت سی وجوہات میں سے ایک، (میں کھل کر کہنے پر یقین رکھتا ہوں، نقاد کا اپنی سطح پر بے ایمان ہونا بھی ہے۔ (کچھ وجوہات کے بارے میں، ہم آگے سوال اٹھائیں گے)۔ یعنی لاشعوری طور پر ہمارا نقاد ایک ایسے اردو معاشرہ کی پرورش کر رہا تھا، جہاں قاری، زبان اور اردو کے ڈوب جانے کا خطرہ محسوس کیا جانے لگا تھا — لیکن یہ خطرہ اچانک چند ہی برسوں میں ایک ناقابل یقین مگر تکلیف دہ سچائی بن کر بھی سامنے آئے گا، یہ کس نے سوچا تھا اور ذرا غور کیجئے تو چند ہی برسوں میں وارث علویوں کی شرارتیں اپنا کام کر گئی تھیں — نئی نسل کو جب اردو معاشرہ میں اپنی جگہ نظر نہیں آئی تو وہ ہندی کی طرف راغب ہو گیا — صغیر رحمانی سے زیب

اختر، شین حیات سے حسن جمال تک کے ادبی موقف کا جائزہ لیجئے تو بات آسانی سے سمجھ میں آ جائے گی) یہی نہیں، بہتوں نے تو اس خطرے میں قلم کو کنارے ڈال دیا کہ نقاد زندگی بھر اُنہیں گھاس نہیں ڈالیں گے۔

نتیجہ کے طور پر ایک گمر اہ کن فضا تیار ہوئی۔ شاطر نقاد اپنے کیمپ کے چند لوگوں کو اچھال کر خاموشی سے سارا تماشہ دیکھتا رہا۔ در اصل اردو فکشن کی تنقید پر تنگ نظری اور تعصب کا دبیز پردہ حاوی رہا ہے۔ نئی روشنی میں اس 'منظر نامہ' کی وضاحت یوں ہو سکتی ہے۔

پہلے کے نقاد ہشیار تھے — مطالعہ وسیع تھا — اپنی اہمیت کا اندازہ تھا — وہ کسی بھی طرح کی 'ادبی چھیڑ خانی' کا نمونہ پیش کر سکتے تھے۔ وسیع مطالعہ نے نقاد کے اندر کی چنگیزیت کو جگا دیا تھا۔ یعنی نقاد پڑھا لکھا تو تھا مگر جینوئن نہیں تھا۔ وہ کیمپ بنا رہا تھا۔ تخلیق کاروں کو اپنی شاگردی میں قبول کر رہا تھا۔ اپنے نظریاتی کیمپ' میں ان کے لیے جگہ بنا رہا تھا —

آج کے نقاد کا مطالعہ وسیع نہیں ہے — وہ فکشن کی برادری سے، نظر انداز کیے جانے اور احتجاج کے رویوں سے مایوس ہے —

حقیقتاً دیکھا جائے تو اردو فکشن کو سب سے نقصان اس کے نقادوں نے پہنچایا ہے — یعنی یہ نقاد کی ہی ذات تھی، جس کی چنگیزیت یا غیر سنجیدہ رویے نے تخلیق کاروں کی نسل ختم کر دی۔ نئی نسل کے سامنے آنے کے راستے مسدود کر دیے — اور اس کے بعد بھی اردو فکشن کے گلشن میں 'نیر و بادشاہ' کا قہقہہ اگر گونج رہا ہے تو اسے روم، کی بدقسمتی کہی جائے گی — بقول گوپی چند نارنگ، فکشن کی اس صدی میں، نقادوں کے لیے، تخلیق کاروں کے تخریبی رویہ کا جائزہ لینا ضروری ہو گیا ہے۔

کیا نقاد کو ریجکٹ کیے بغیر ہم آگے نہیں بڑھ سکتے—

نیّر مسعود کہتے ہیں:

"آج تخلیق کار، نقاد کو ریجکٹ کر رہا ہے۔ نقاد سے مراد پوری تنقید ہرگز نہیں— اگر کوئی نقاد حکم نامہ نافذ کرتا ہے اور تحکمانہ گفتگو کرتا ہے اور اس کے ہدایت ناموں اور مکالموں سے افسانے کو نقصان پہنچا ہے تو تخلیق کار کا غم و غصہ بجا ہے— لیکن نئے لکھنے والوں کا پوری تنقید کو کوسنا صحت مند رویہ نہیں۔ یہ بالکل ایسا ہے کہ آپ باتھ ٹب کے پانی کے ساتھ بچے کو بھی پھینکنا چاہتے ہیں۔ جدید افسانے نے قاری کو ریجکٹ کرنے کی غلطی کی تھی، آج افسانہ قاری کی بحالی چاہتا ہے۔ یہ نہ ہو کہ افسانہ تنقید کو ریجکٹ کرے اور اسے دس بیس برس اپنی نادانی پر پچھتانا پڑے۔ تخلیق، تنقید اور قاری ایک تثلیث ہے۔ ادب کا تصور ان تینوں کے بغیر ممکن نہیں—"

(آزادی کے بعد اردو فکشن: مسائل و مباحث)

ظاہر ہوا، نقاد کو ریجکٹ کرنے کا مسئلہ کوئی آج کا مسئلہ نہیں ہے۔ یہ باتیں پہلے بھی اٹھتی رہی ہیں۔ ہم نے ترقی پسندی کا عروج اور جدیدیت کا زوال بھی دیکھا ہے۔ جدیدیت کے زوال کے بعد ہی اس مسئلہ نے خوفناک صورت حال اختیار کرلی، جیسا کہ نیر مسعود لکھتے ہیں — جدید افسانے نے قاری کو ریجکٹ کرنے کی کوشش کی تھی — دراصل میں اس مکالمہ میں تھوڑی سی تبدیلی چاہتا ہوں — غلطی جدید افسانے نے قاری کو ریجکٹ کرنے کی نہیں کی تھی، افسانہ نگار اردو رسائل سے وابستہ تحریک کے پالتو جانور بن گئے تھے۔ اُن کے پاس سے نہ صرف ان کا IGO غائب تھا بلکہ سر پر شفقت بھرے شاہی ہاتھوں کی 'رسم ادائیگی' کا لالچ اتنا بڑھ چکا تھا کہ تخلیق کار، یعنی شکار پوری طرح شارک یا وہیل مچھلی کے پیٹ میں تھا—

قلم اس کا تھا، دماغ نقاد کا

پاؤں اس کے تھے، ڈور نقاد کے ہاتھ میں تھی۔

تحریر کا ایک ایک لفظ نقاد کے پاس گروی تھا۔

وہ نقاد کے اشارے پر چلتا تھا، گھومتا تھا، لکھتا تھا اور خوش ہوتا تھا— لیکن یہ خوشی کتنے دنوں تک اس کے کام آئی— اچانک ہونے والے صدمے کا احساس اتنا گہرا تھا کہ تخلیق کار کسی اونچی پہاڑی سے لڑھک کر گر پڑا— یہ سوال کچھ اسی قسم کا تھا، جیسے بہادر بچے نے بدھو بادشاہ کے قریب آکر کہا ہو— بادشاہ تو ننگا ہے—

تخلیق کار سے اچانک پوچھا گیا— کہانی تو ہے نہیں—

اس نے قاری کو اونچی پہاڑی سے دیکھنے کی کوشش کی تو قاری ندارد— یہ حیرت کا وہی لمحہ تھا جہاں بہت سے افسانہ نگاروں کو باتھ ٹب کے ساتھ بچے کو بھی باہر پھینکنا پڑا— اور اس المیہ سے بھی دوچار ہونا پڑا، کہ بھائی کہانی بھی گئی۔ دس بیس برس بھی گئے۔ ہم بھی گئے اور نقاد بھی گیا— کوئی شک نہیں کہ شوکت حیات کے بعد کی نسل نے اسی ادبی المیہ سے فائدہ اٹھانے کی کوشش کی ہو— لیکن ابھی بھی باتھ ٹب کا پانی اور بچہ دونوں اس کے ہاتھ میں ہے— بچہ اس سے گھل مل گیا ہے اور باتھ ٹب کے پانی کو پھینکنے، نہ پھینکنے میں اس کے لیے کوئی خاص کشش نہیں رہ گئی تھی—

گفتگو کو آگے بڑھاتے ہیں— دراصل نیّر مسعود ادب کے، بیس پچیس برسوں کے المیہ، سے بخوبی واقف ہیں— وہ تسلیم کرتے ہیں کہ نقادوں سے غلطیاں ہوئی ہیں۔ نیر مسعود کا اتنا تسلیم کر لینا ہی ہمارے لیے بہت ہے۔ اس لیے کہ نئے ہزارہ میں فکشن پر گفتگو کے لیے اس سے بہتر کوئی دوسرا راستہ نہیں ہو سکتا۔ وہ بھی تب، جب نیر مسعود جیسا افسانہ نگار بھی خاموشی سے اس الزام کو قبول کر لیتا ہو— اور آپ دیکھئے، نیر مسعود نے

کس خوش اسلوبی سے اردو افسانہ سے جڑے ہوئے اس کڑوے سچ کو تسلیم کر لیا ہے— یعنی نقاد کوئی حکم نامہ نافذ کرتا ہے۔ یا تحکمانہ گفتگو کرتا ہے اور اس کے ہدایت ناموں اور مکالموں سے افسانے کو نقصان پہنچتا ہے تو تخلیق کار کا غم و غصہ بجا ہے۔

آزادی کے بعد کے اردو فکشن کی تنقید کو اس روشنی میں دیکھنا زیادہ مناسب ہے — کیونکہ سچ یہی ہے — نقاد خدا بن گیا تھا — وہ حکم نامہ نافذ کرتا تھا۔ تحکمانہ گفتگو کرتا تھا، اور آج بھی کرتا ہے۔ افسانے کی حمایت میں، اس کی باغی تحریریں اس قدر شعلہ اگلتی ہیں کہ فکشن رائٹر جل جاتا ہے — کل حسین الحق، شوکت حیات یا شموئل احمد ایسے نقاد سے سمجھوتہ کے بارے میں سوچ بھی نہیں سکتے — کلام حیدری کی زندگی تک اس تحکمانہ گفتگو کی فضا قائم رہی — لیکن ۹۰ کے بعد کے افسانہ نگار کے لیے یہ زہر پینا دشوار سے دشوار ہوتا چلا گیا — غصہ کے اس لاوا کو آتش فشاں کی شکل میں پھٹنا مقصود تھا۔ سو یہ آتش فشاں پھٹا اور تخلیق کار کی نقاد سے دوریاں بڑھتی چلی گئیں۔

یہ حقیقت ہے کہ تخلیق، تنقید اور قاری ایک ایسی تثلیث ہے کہ ہم ان تینوں کے بغیر ادب کا تصور نہیں کر سکتے — ہم جانتے ہیں، تخلیق کار کے اندر نقاد چھپا بیٹھا ہوتا ہے۔ لیکن ہر لکھنے والا اس نقاد کو جگانے کا کام نہیں کرتا، جیسا کہ اردو فکشن میں آج ہو رہا ہے — یہ بھی صحیح ہے کہ یہ کوئی صحت مند رویہ نہیں ہے۔

شوکت حیات، ساجد رشید ہوں یا حسین الحق، ذوقی ہوں یا شموئل، کبھی کبھی افسانوں پر گفتگو کرنا اور بات ہے، تنقید کو خود پر حاوی کر لینا اور بات — ظاہر ہے ایسے میں نقصان تنقید کا نہیں، تخلیق کا ہو رہا ہے۔ تنقید کے دھارے میں، تخلیقی سوتے سوکھتے جا رہے ہیں۔ یہ کوئی خوش آئند بات نہیں ہے — ایسا نہیں ہونا چاہئے — لیکن یہ وہی غصہ ہے جو مدتوں سے، آہستہ آہستہ تخلیق کار کے اندر جمع ہو رہا تھا۔ اور اس کے درپردہ ہم

وہی کر رہے تھے، جیسا کہ نیر مسعود نے کہا—ہم باتھ ٹب کے پانی یعنی (تنقید) کے ساتھ بچے (تخلیق) کو بھی باہر پھینک رہے تھے۔

باتھ ٹب، گندہ پانی اور بچہ

باقر مہدی نے اپنے ایک مضمون (مغربی تصورات کا اثر اردو فکشن میں)، مطبوعہ آئندہ (پاکستان، بیسویں صدی نمبر، دسمبر ۲۰۰۰ء) میں تحریر کیا تھا—
'میں ہندستانی افسانہ نگار مشرف عالم ذوقی سے متفق نہیں ہوں کہ افسانے کو 'نئے افسانہ نگاروں نے داغدار کیا ہے—'
اس 'نئے افسانہ نگار' نے ہر بار چکر میں ڈالا ہے—نیا کون؟ بلراج مین را، انور خاں مرحوم، خورشید اکرم، احمد صغیر یا—میں باقر مہدی کے الفاظ کو کاٹ نہیں رہا ہوں—یا تو، میرے پچھلے مضامین کی روشنی میں وہ میری باتوں کی تہہ تک نہیں پہنچ سکے۔ یا پھر میں ہی مجرم کہ میں اپنی بات کی وضاحت نہیں کر سکا—دراصل، ہر بار نیا افسانہ نگار اپنے عہد کے نقادوں کے زیر اثر معتوب و مصلوب ہوا ہے—اور یہ مضمون لکھ جانے کا محرک بھی یہی ہے کہ دو چار کی واہ واہی کے پیچھے ایک بڑی بھیڑ 'مذبح کی بھیڑ' بنا دی گئی ہے۔ مغرب کی تنقیدی تھیوری سے آشنائی نے بھی اردو تنقید کو خاصہ نقصان پہنچایا—نتیجہ کے طور پر شاطر نقاد اسی تھیوری کے آئینہ میں اردو فکشن کی بوطیقا تحریر کرنے پر آمادہ تھا، اور اس کی آنکھیں، محدود روشنی میں دو چار سامنے کے افسانہ نگاروں کے علاوہ دور تک دیکھنے کی کوشش میں ناکام رہی تھیں—
قارئین، دراصل غلطی یہیں ہوئی تھی۔—ہم نے ہندستانی گھر میں مغربی طرز کا باتھ

ٹب بنالیا تھا— ہم اور ہمارے بچے اس ٹب میں نہا تو سکتے تھے لیکن ہمیں مغرب کی بہت سی باتوں کا علم نہیں تھا— مثلاً باتھ ٹب کے گندے پانی کو باہر نکالنے کے لیے ہم اپنے ہندستان گھر میں مغرب کی تکنالوجی استعمال نہیں کر سکتے تھے—

بچے کے لیے، نقاد کا حملہ غیر ارادی تھا— وہ اس نئے مغربی طرز کے ٹب سے قطعی نا آشنا تھا— یعنی معاملہ کچھ کچھ یوں تھا کہ لکھنے والے جو لکھ رہے تھے، نقاد اس کا تجزیہ یا تشریح بالکل نئے انداز میں کر رہا تھا— اور لکھنے والا بھونچکا، اپنے لکھے پر نقاد کے آراء کو پڑھ کر سر دھن رہا تھا۔ یعنی آخر میں یہی ہوا— تنقید کے بھولے ہوئے مغربی راستوں سے تخلیق متاثر ہوئی— مغربی تھیوری کے زیر اثر لکھی جانے والی تنقید نے تخلیق کاروں کو نقصان پہنچایا اور بقول نیر مسعود— دس بیس برس کا عرصہ تخلیق کاروں کو اپنی نادانی پر پچھتانا پڑا—

آج آہستہ آہستہ جب ہم اس بھیانک صورت حال سے باہر نکل آئے ہیں تو المیہ یہ ہے کہ ہمارے پاس سے لکھنے والے ہی دور چلے گئے۔ نئے لکھنے والوں کے نام پر ایک ایسی خاموشی ہے کہ دل لرز جاتا ہے۔ ممکن ہے جدیدیت کے بعد کے سفر مابعد جدیدیت پر آپ اتفاق رائے نہ رکھتے ہوں، لیکن تسلی کا ایک مقام یہ بھی ہے کہ اس نے لکھنے والوں کے منصب کو پہچانا— اُنہیں ایک پلیٹ فارم پر لانے کی کوششیں بھی کیں— نارنگ کا مابعد جدید رویہ دراصل نئی نسل کی انگلی تھامنے کے لیے اختیار کیا گیا تھا— بد قسمتی یہ تھی کہ ان دس برسوں میں جب یہ مابعد جدیدیت آہستہ آہستہ اپنی سیڑھیاں طے کرنے کی کوشش کر رہی تھی، اردو کی نئی تخلیقی نسل تیزی سے گمنامی کے غار میں گم ہو رہی تھی—

ایک حقیقت یہ بھی تھی کہ بیشتر نقاد ابھی بھی پرانے وقتوں کا ڈھول پیٹنے میں لگے

تھے—نئے افسانے اور نئے زمانے پر ان کی نظر نہیں تھی۔ نیا افسانہ نگار نقادوں کے 'علم' سے خائف تھا اور اس قدر خائف تھا کہ اس کے کندھے جھک گئے تھے اور وہ اردو افسانہ سے راہِ فرار اختیار کرنا چاہتا تھا۔

یہ وہی کمزور کندھے (نقاد) تھے جو پچھلے بیس تیس برسوں سے لگاتار اردو فکشن کو نقصان پہنچاتے آئے تھے۔ یہ وہی نقاد تھے جن کی غیر سنجیدہ مغربی تھیوری نے اردو کے معصوم لکھنے والوں کو ایک ایسے ڈائلیما میں لا کھڑا کیا، جہاں ان کے فن نے گھٹنے ٹیک دیے۔

حسین ہوں یا شوکت حیات افسانے کی تاریخ میں ان سب کی حصہ داری ہے— دیکھا جائے تو شاطر نقاد نے ان سب کا استعمال کیا ہے—اور جب سنبھلنے کی باری آئی تو تخلیقی نسل اردو سے اپنا رشتہ توڑ چکی تھی—

ادھر ہندی میں راجندر یادو بار بار اس بات کی دہائی دے رہے ہیں کہ نئے لکھنے والوں کی حوصلہ افزائی کے لیے ایک منچ، مہیا کرایا جائے—ہندی والوں کو تو پھر بھی منچ ملا ہوا ہے مگر ہندستان کے اردو منظر نامہ کا کیا ہو گا—حسن جمال، قاسم خورشید، خورشید حیات، احمد صغیر، صغیر رحمانی، خورشید اکرم، شاہد اختر، نور الحسنین، غزال ضیغم، سہیل وحید، معین الدین جینا بڑے—ہم جیسے جیسے ناموں کی قطار میں آگے بڑھتے ہیں، ایک بہت تیز ٹھنڈ لہر ہمارا راستہ روک کر کھڑی ہو جاتی ہے۔۔۔ آگے گنو۔۔۔بس—کیا یہیں تک گنتی آتی ہے—

تخلیق، تنقید اور قاری—ہم خود اس تثلیث کے قائل ہیں، مگر نقادوں کے بے رحم رویے، غیر سنجیدہ فکر، مغربی تھیوری کے غلط استعمال اور کیمپ نے آہستہ آہستہ ہمیں اس 'روشن تنقید' کی قندیل سے محروم کر دیا، ہم جس کی روشنی میں خود بھی پروان چڑھ سکتے

تھے اور اپنے ادب کو بھی پروان چڑھا سکتے تھے—اور آج حال یہ ہے کہ ہم ہی نہیں ہوں گے تو ادب کو پروان کون چڑھائے گا—؟

یہ افسوسناک امر ہے کہ نئے ہزارہ کے شروعاتی برسوں میں ہی اردو فکشن کا آسمان دھندلا دھندلا ہو گیا ہے—کیوں؟ کا جواب دینے کی اب ضرورت نہیں ہے—اس لیے کہ اردو فکشن کا باتھ ٹب ایک ایسا حمام ہے، جس کے پس پردہ 'ننگے بادشاہ' کو دیکھا جا سکتا ہے—

—۲۰۰۲ء

☆☆

جدید حقیقت نگاری بنام آج کی اردو کہانیاں

اردو کا اچھا ادب نکولائی گوگول کے اُوور کوٹ، سے نہیں، بلکہ فرقہ وارانہ فساد یا حادثوں کی کوکھ سے برآمد ہوتا ہے۔ یہ امر ایک ایسا بھیانک سچ بن چکا ہے جس پر از سر نو تحقیق کی ضرورت ہے۔ 55 برسوں کے ہندوستان یا پاکستان کا اردو ادب دیکھ لیجئے۔ نئی نسل کیا لکھ رہی ہے اس پر گفتگو کرنے سے قبل اس 'سچ' کا تجزیہ ضروری ہے۔ انگریز حکومت، ذہنی وجسمانی غلامی، تقسیم اور تقسیم کے بعد کا ماحول دونوں ملکوں کے درمیان اچھی اور بڑی کہانیوں کا سبب بنا۔ مسلمانوں ادیبوں کے یہاں لکھنے کے لئے برصغیر کے مسلمانوں کا المیہ ہی کافی نہیں تھا، پوری دنیا میں مسلمانوں سے متعلق جو بھی حادثات یا واقعات سامنے آرہے تھے وہ سب اردو کہانیوں کا حصہ بنتے جارہے تھے۔ افغانستان، یہودیوں کے ظلم، فلسطین اور چیچنیا ___ ہندوستانی فرقہ وارانہ فساد، پاکستان میں مہاجروں کے حالات ___ یہ سب موضوعات الگ الگ کہانیوں کا حصہ بن رہے تھے۔ پاکستانی ادب کا جائزہ لیجئے تو وہاں بھی تقسیم کا درد، 65 اور 71 کی جنگیں، سقوط ڈھاکہ، مارشل لاء اور 'جنرلوں کے اوور کوٹ' سے نکلتی دہشت پسندی بار بار تخلیق کا سبب بنتی رہی ہیں۔ کبھی ڈھکی چھپی علامتوں میں انور سجّاد، انتظار حسین سے آصف فرّخی تک، کبھی سیدھے، صاف لفظوں میں جیسے نعیم آروی، زاہدہ آپا کی تخلیقات، لیکن ہر دفعہ ان بڑی تخلیقات کے دامن میں فساد اور خون شامل تھے۔ ہندوستانی اردو کہانی کا آسمان ان سے الگ نہیں تھا۔ یہاں بھی یہی درد جوگندر پال سے سید محمد اشرف، طارق چھتاری، محسن خاں، غضنفر،

حسین الحق، عبد الصمد، عبید قمر، شوکت حیات، علی امام نقوی سلام بن رزّاق، مقدر حمید، یہاں تک کہ بالکل نئے افسانہ نگار خالد جاوید، شائستہ فاخری اور احمد صغیر تک کی کہانیوں میں پھیلے ہوئے ہیں۔

پاکستانی ادب میں 'گلاسنوست' اور پیرسترئیکا' کی جو فضا ادھر کی کہانیوں میں دیکھنے میں آرہی ہے وہ پہلے کبھی دیکھنے میں نہیں آئی تھی۔ 'مارشل لائ' اور سینسر شپ میں جکڑی کہانیاں جس طور پر ابھی حال فی الحال کے پاکستان میں 'ایجاد' ہوئی ہیں یا لکھی جارہی ہیں، وہ بالکل ہی نئی اور چونکانے والی حقیقت بن گئی ہیں۔ یعنی یہ بات بھی قابل غور ہے کہ آزاد صرف ادب ہوا، صحافت نہیں۔ پاکستانی صحافت میں 'آج کا سچ' ہندوستان کو لے کر صرف ایک ہی ہے___ اور وہ سچ ہے___ کشمیر (ہندوستانی تخلیق کاروں کے پاس بھی اِدھر آنے والے خطوط ورسائل میں شائع خطوط میں دریافت کیا جاتا ہے___ "آخر آپ کشمیر پر سچ کیوں نہیں بولتے)۔ پاکستانی صحافت اِسی کشمیر کو لے کر ایک عرصے سے ہندوستان کے خلاف زہر اُگلنے کا کام کر رہی ہے۔

لیکن ادب میں، اب 'علامت' اور 'اشارے' میں اپنی رائے ظاہر کرنے والا زمانہ گزر چکا ہے۔ لکھنے والے 'دوستی' کے مذہب پر یقین رکھتے ہیں۔ آج کا پاکستانی ادب دو ناراض دلوں کو جوڑنے کی کوشش کر رہا ہے۔ پاکستانی افسانہ نگار گلزار جاوید کی کہانی کا یہ ٹکڑا دیکھئے:

"اگر وادی تمہارے سامنے کھڑا ہے۔۔۔ جو پینسٹھ برس کا ہندو ناگرک ہونے اور چالیس برسوں تک ہندوستان پولیس کی نوکری کرنے کے بعد بھی۔۔۔ ہندوستان کا درد سینے میں پالے ہوئے ہے۔۔۔ ہندوستانی پولیس کا یہ ریٹائرڈ آئی جی، آج اگر زندہ ہے تو صرف پاکستان کی دھرتی۔۔۔ راولپنڈی کی مٹی کو چومنے کی آس میں۔۔۔ جہاں اس کا جنم

ہوا تھا۔۔۔ جسے اپنا کعبہ اور مدینہ سمجھتا تھا۔۔۔لو۔۔۔! گرفتار کرواِس اُگروادی کو۔۔۔ اگر تم اِس اُگروادی کو گرفتار نہیں کرو کہ اُس نے اپنے کعبہ، کی زیادت کے لئے، ایک معصوم سا جھوٹ بولا۔۔۔ کم عقل انسان۔۔۔! وہ اگروادی نہیں۔۔۔ وہ تو شبھ چنتک ہے۔۔۔ تمہارا بھی۔۔۔ میرا بھی۔۔۔ اور اس دھرتی کا بھی۔۔۔!"

(شبھ چنتک: گلزار جاوید)

اس کہانی کے کردار کو آپ تبدیل کر کے بھی دیکھ سکتے ہیں۔ سیاست دو دلوں پر حاوی ہوگئی ہے۔ نئی نسل اِس سیاست کو درکنار کرتی ہوئی آپس میں گلے ملنا چاہتی ہے۔

آزادی کے دس پندرہ برسوں میں، پاکستان میں بھی فرقہ وارانہ فساد، مہاجرت کا درد، نئے پاکستان کی اُلجھنیں موضوع بنی رہیں۔ 'خدا کی بستی' جیسا ناول اِسی درد سے نکلا تھا۔ قدرت اللہ شہاب، عزیز احمد، ممتاز مفتی، آغا بابر، صلاح الدین اکبر، خدیجہ مستور، ہاجرہ مستور جیسوں کے افسانے درد کی کوکھ سے پیدا ہوئے تھے۔ 1960 کے بعد ادب میں جدیدیت کی شروعات ہوئی۔ پاکستان میں جدیدیت کا اثر کچھ زیادہ ہی قبول کیا گیا۔

ڈاکٹر سلیم آغا قزلباش نے اپنی کتاب 'جدید اردو افسانے' میں لکھا ہے____

"1998 میں، پاکستان میں مارشل لاء لگا دیا گیا، 'زبان بندی' کی جو صورت حال ہوئی، اُس سے باہر نکلنے کے لئے، افسانہ نگاروں نے علامتی انداز اختیار کیا۔ یعنی ایسی باتیں نہیں کی جائیں، جس سے مارشل لاء میں اُن کی گرفتاری ممکن ہوسکتی تھی۔ "

(جدید اُردو افسانہ)

ظاہر ہے پاکستان کے سخت مارشل لاء کا 'خوف' اُس وقت اردو افسانے پر صاف دیکھا جا رہا تھا۔ اسی درمیان وہاں تجریدی یعنی 'Abstract' کہانیاں بھی لکھی گئیں۔ انتظار حسین نے نئی کہانیوں کی 'بوطیقا' تحریر کی۔ انتظار حسین جدید افسانے کے بابا آدم

بن گئے۔ آہستہ آہستہ لکھنے والوں کا قافلہ پھیلتا جارہا تھا___ رشید امجد، انور سجّاد، خالدہ حسین، منشایاد، احمد ہمیش، احمد داؤد، فہیم اعظمی، سمیع آہوجہ، محمود واجد، شمشاد احمد، ناصر بغدادی، احمد جاوید، مرزا حامد بیگ، شمس نعمان، طاہر نقوی، اعجاز راہی، مظہر الاسلام، انور زاہدی، امراؤ طارق، آصف فرخی اور اسد محمد خاں۔

یہاں نام گنوانا منشا نہیں ہے۔ لیکن ذہین افسانہ نگاروں کا ایک بڑا قافلہ اچھی اور نئی کہانیاں لے کر سامنے آرہا تھا۔

1965ء میں ہند و پاک جنگ کے نتیجے میں پاکستان میں پہلی بار حب الوطنی جیسے جذبوں نے جنم لیا۔ اُس وقت کے تقریباً تمام ادیبوں نے ہند و پاک جنگ کو اپنا موضوع بنایا۔ غلام الثقلین نقوی نے 'جلی مٹّی کی خوشبو' ممتاز مفتی نے 'پاکستان' خدیجہ مستور نے 'ٹھنڈا میٹھا پانی' اسی طرح مسعود مفتی اور فرخندہ لودھی نے بھی اس موضوع کو لے کر کہانیاں لکھیں۔

1971ء کی جنگ کے بعد معاملہ دوسرا تھا۔ سیاسی تحریکیں تیز ہو چکی تھیں۔ ادھر پاکستان کے ایک حصے کا الگ ہونا یعنی 'بنگلہ دیش' کا بننا پاکستانی کتھاکاروں کے لئے نئے جذبے کو لے کر آیا تھا۔ اسے پاکستانی افسانہ نگاروں نے جذباتی Tragedy کے طور پر لیا تھا۔ انتظار حسین، مسعود اشعر، اختر جمالی، رشید امجد، علی حیدر ملک، شہزاد منظر، اے خیام، احمد زین الدین، شہناز پروین، نور الہدیٰ سید جیسے افسانہ نگار اسی درد سے تحریک پا کر کہانیاں لکھ رہے تھے۔

1980 سے 90 کے درمیان ہندوستان پاکستان کے ادب میں 'بیانیہ' کی واپسی ہو چکی تھی۔ اسی درمیان پاکستان نے 'پراکسی جنگ' بھی ہندوستان کے خلاف چھیڑ دی تھی۔ کہانیاں نئی زمین، نئے پیدا شدہ مسائل کو سمجھنے کی کوشش کر رہی تھیں۔

پاکستان میں 1958 یعنی مارشل لاء نافذ ہونے کے بعد سے لے کر ایک طویل عرصے تک ادب پر ایک خاص طرح کے سینسر شپ سے انکار نہیں کیا جا سکتا۔ لیکن یہ ایک عجیب ساسچ ہے کہ پاکستانی کہانیاں آج جنرل پرویز کے اس عامرانہ دور میں زیادہ آزاد ہوئی ہیں۔

نئے افسانہ نگار ہند و پاک جنگوں کی سیاہ تاریخ کو بھلا کر نئے سرے سے دوستی کا پیغام لے کر سامنے آرہے ہیں۔ محمد الیاس، گل نو خیز اختر، ثمینہ افتخار آوان کے بعد بالکل نئے کاروں کے مسافر فرحین چودھری، عنیقہ ناز، طاہرہ اقبال، شمیم آغاز قزلباش کی کہانیاں پاکستان کے نئے دور کی کہانیاں ہیں۔ یہ کہانیاں پاکستانی سیاست سے متاثر نہیں ہیں بلکہ آج کی سچ بولتی کہانیاں ہیں۔

آسٹریلیا میں مقیم پاکستانی ادیب اشرف شاد کے دو ناول 'بے وطن' اور 'وزیر اعظم' آج کے پاکستان کی کہانیاں سناتے نظر آتے ہیں۔ فوجی حکومت کی دہشت، سرکاری سہولتوں کا غلط استعمال، مسجدوں پر بیٹھی ہوئی پولیس، دوسرے درجے کے شہری جیسے مہاجر ___ اشرف شاد کے اس خطرناک ٹرائیلوجی (Trilogy) کا تیسرا حصہ بھی 'صدر اعلیٰ' کے نام سے شائع ہونے جا رہا ہے۔

آج کا پاکستان کیسا پاکستان ہے، اس کی جھلک 'وزیر اعظم' ناول کی دو مثالوں سے لگائیں:

"کچھ نہیں پتہ کون کس کو مار رہا ہے۔ لگتا ہے سب اجتماعی خود کشی پر تل گئے ہیں ___ پاگل پن کا پلیگ ہے جو پورے شہر میں پھیل گیا ہے ___ بے نشان بندوقوں سے گولیاں نکل کر آتی ہیں اور لہو چاٹ جاتی ہیں۔ پولیس مقابلے ہوتے ہیں، جن میں چلنے والی

گولیاں صحیح نشانوں پر پہنچ کر سینے چھلنی کرتی ہے ___ بوریاں اپنا منہ کھول کر آنکھوں پر پٹی بندھی ہوئی لاشیں اُگلتی ہیں ___ عمارتوں میں راکٹ پھٹتے ہیں۔ شہر میں بے روزگار نوجوانوں کی فصلیں تیار کھڑی ہیں، جنہیں کاٹنے والا کوئی نہیں۔ سیاست کرنے والے بے حس گورکن بنے، قتل گاہوں پر طاقت کے تخت بچھائے بیٹھے ہیں۔"

یہ آج کے پاکستان کا چہرہ ہے۔ دہشت گردی اور گندگی سے بھرا چہرہ۔ اس چہرے میں ابھی تک پیار و محبت کی کہانیوں کی کوئی جگہ نہیں ہے۔ پاکستان کے اس چہرے کو ادب کے آئینے میں دکھانے کی ضرورت پڑتی تھی تو کشور ناہید جیسوں کو ڈھکے چھپے الفاظ میں کہنا پڑتا تھا ___ 'ہمارے ملک میں پرندوں کو پیار کرنے کی بھی اجازت نہیں ہے ___ 'بدلے بدلے پاکستان میں اب ناول 'وزیر اعظم' سے یہ دوسری مثال دیکھئے:

"میں وہ آخری آدمی ہوں جو پردیش کو وطن بنانے کا مشورہ دوں گا۔ لیکن تمہارے حالات ایسے ہیں کہ تمہیں اپنے گھر والوں کا مشورہ مان لینا چاہئے۔ واپس گئے تو تم اپنے گھر والوں کے لئے ایک اور مسئلہ بن جاؤ گے۔ جذبات میں بہہ کر اُس رو میں شامل ہو جاؤ گے، جو جیل جارہی ہے۔ یا گولیاں کھارہی ہے ___ اس وقت تمہارا جانا واقعی صحیح نہیں ہو گا ___"

دیکھئے تو کتنی خطرناک بات ہے۔ اشرف شاد یا کوئی بھی پاکستانی ہجرت کیوں کرتا ہے۔ آپ سمجھ سکتے ہیں۔ رشتوں کی سطح کیسی ہے؟ جذباتیت کہاں سو گئی ہے؟ احساس کہاں گُم ہو گئے ہیں؟ انسانیت نے کس طرح اِن پچپن برسوں میں دم توڑا ہے کہ واپس جاؤ گے تو گھر کے لئے ایک مسئلہ بن جاؤ گے اور وہاں جانے کے بعد پھر کیا ہو گا؟ بے روزگار نسل کس طرح گالیاں کھارہی ہے یا جیل جارہی ہے ___ پاکستان کے اس چہرے کو کل تک سامنے لانا آسان نہیں تھا۔ لیکن آج انور سین رائے سے عاصم بٹ تک، ان سب کی

کہانیوں میں پاکستان کے اِسی چہرے کی چہرے کی جھلک ملتی ہے۔ کچھ مثالیں اور دیکھئے۔ یہ مثالیں اس لئے ضروری ہیں کہ ان کے بغیر ہم پاکستان کے درد کو ادبی تخلیق کی روشنی میں سمجھ ہی نہیں سکتے___

"ہمارا خاندان ہندوستان، پاکستان اور بنگلہ دیش میں بٹ کر بکھر گیا ہے اور میں لب گور بیٹھا ہوں، سوچتا ہوں کہ میرے پاس جو امانت ہے اسے تم تک منتقل کر دوں کہ اب تم ہی خاندان کے بڑے ہو۔ مگر اب حافظے کے واسطے ہی سے منتقل کی جا سکتی ہے، خاندان کی یادیں مع شجرۂ نسب قبلہ بھائی صاحب اپنے ہمراہ ڈھاکہ لے گئے تھے، جہاں افرادِ خانہ ضائع ہوئے وہاں وہ یادگاریں بھی ضائع ہو گئیں۔" (ہندوستان سے ایک خط: انتظار حسین)

"میں کیا کروں، میں جب سوچتا ہوں مجھے وہ منظر یاد آ جاتا ہے، جب میری چھوٹی سی فیملی کے ہر فرد کو انتہائی بے دردی سے قتل کر دیا گیا تھا اور پھر اپنے چھوٹے چھوٹے پاؤں سے چل کر یہاں تک پہنچا تھا۔ لیکن ہمیں صرف لمبی لمبی سڑکیں دے دی گئیں اور کہا گیا کہ چلتے رہو۔۔۔" (بے خدا کمرہ: طاہر مسعود)

"میں منی بس سے اُتر کر بڑے قریب سے محبِ وطن بہاریوں کے پہلے لٹے پٹے قافلے کا جائزہ لے رہا تھا۔ پولیس اور فوج کا پہرہ نہ تھا۔ بس اتنا ہی یہاں سے جانے والے بنگالیوں اور وہاں سے آنے والے بہاریوں میں فرق تھا۔ باقی سب کچھ ایک جیسا تھا___ انسان کے ہاتھوں انسان کے قتل ہونے کا ہولناک منظر۔" (گودھرا کیمپ: نعیم آروی)

ان تمام تر کہانیوں کا ہیرو 'وقت' ہے۔ لیکن یہ بھی سچ ہے کہ ساری کہانیاں حادثوں کی کوکھ سے جنمی ہیں۔ گودھرا کے حادثے سے پہلے بھی کہانی کا منظر نامہ بنتے رہے ہیں۔ نعیم آروی 1948 کے آس پاس پاکستان چلے گئے۔ اسی کے آس پاس گودھرا کیمپ کے خونی

مناظر انھوں نے دیکھے ہوں گے، جو بعد میں اُن کی کہانی کا موضوع بنے۔

تقسیم کے بعد بلکتے پاکستان کو نظر انداز کرنا ممکن نہیں تھا۔ تہمینہ درّانی جیسی انگریزی ادیبہ نے بھی پاسکتان کے ہولناک معاشرے کو قلمبند کیا ہے۔ یہی نہیں انور سین رائے کی 'چیخ' سلگتے پاکستان کی چیخ ثابت ہوئی:

"ہمیں بتاؤ تمہیں کس بات کا ڈر ہے ہم تمہیں مکمل تحفظ دینے کا وعدہ کرتے ہیں۔ ہمیں بتاؤ کہ تم کن لوگوں کے ساتھ مل کر اخبار نکالتے تھے اس کے لئے رقم تمہیں کہاں سے، کیسے ملتی تھی؟ اخبار کو کہاں تیار کیا اور کہاں چھاپا جاتا تھا؟ اس کے لئے مضامین کون کون لکھتا تھا اور پھر اس اخبار کو کس طرح تقسیم کیا جاتا تھا اور کون کون تقسیم کرتا تھا؟" وہ بولتے بولتے تھوڑی دیر کے لئے رک گیا اور میں سوچنے لگا: میں جس اخبار کو نکالنے کے لئے کام کرتا ہوں اس کا میری بیماری سے کیا تعلق ہو سکتا ہے اور جو کچھ یہ ڈاکٹر پوچھ رہا ہے اس میں سے بہت سی باتیں تو خود اخبار دیکھ کر معلوم کی جا سکتی ہیں کوئی ایک بات بھی ایسی نہیں جسے معلوم کرنے کا کسی کا بیماری سے، خاص طور پر ذہنی بیماری سے کوئی تعلق ہو، میں نے ساری اسے بتادیں لیکن اس نے صرف اتنا کہا "تم واقعی ایک احمق آدمی ہو۔" (چیخ: انور سین رائے)

یہی 'احمق آدمی' یعنی فیوڈور دوستوفسکی کا 'ایڈیٹ' پاکستانی معاشرے کا خاص چہرہ بن چکا ہے۔ عاصم بٹ کا 'دائرہ' اسی سلسلے کی اہم کڑی ہے۔ یہاں پاکستانی مارشل لائی، پاکستانی فوجی حکومت اور تقسیم کے 55 برسوں کے سینسر شپ میں پستا ہوا ہر ایک آدمی ایک مسخرہ ہے یا اسٹیج ایکٹر یا کٹھ پتلی، جس کا سرا ہمیشہ سے پاکستانی تاناشاہوں کے پاس رہا ہے۔ عوام کو صرف اشارے پر اپنا کرتب دکھانا ہے یا اپنا 'رول' پلے کرنا ہے آہستہ آہستہ پاکستانی فضا ان بندشوں سے آزاد ہو رہی ہے۔ نئی نسل نے اب کھل کر 'بیانیہ' انداز میں

اپنی بات کہنے کا سلسلہ شروع کر دیا ہے۔ صحافت کا ماحول چاہے جیسا بھی ہو رہا ہو لیکن ادب نے کھلی ہوا میں سانس لینا شروع کر دیا ہے۔ مرد اور خاتون افسانہ نگاروں کی ایک لمبی قطار سامنے آچکی ہے۔ یہ قطار بے خوفی کے ساتھ اپنی ذمہ داریاں نبھا رہی ہیں۔

ہندوستان کی سرزمین

حادثوں نے ہندوستانی اردو ادب کو خاصہ متاثر کیا ہے۔ آزادی کے بعد اردو کہانیوں میں تقسیم، غلامی، فرقہ وارانہ فساد اور آزادی کے بعد کی شناخت، موضوع بنے___ ایسے موضوع جن پر یہ کہانیاں مبنی ہیں۔

یہ بات ادب میں بار بار اٹھتی رہی ہیں کہ اردو والوں کی جڑیں کہاں ہیں۔ چند نقاروں نے اردو کے جدید افسانوں پر حملہ کرتے ہوئے یہ رائے بھی پیش کی کہ دراصل اردو کہانیاں اپنی بنیاد سے کٹ گئی ہیں۔ 'بنیاد' سے مطلب اپنی مٹی اپنی جڑوں سے۔ لیکن ایسا سوچنا درست نہیں ہے۔ حسین الحق کی 'خارپشت' ہو یا شموئل کی 'آب گینے' یا پھر شوکت حیات کی کہانی 'بانگ' ہو۔ قمر احسن سے اکرام باگ تک انور خاں اور قمر احسن سے حمید سہروردی تک___ جدید کہانیاں اپنی 'ماٹی' اپنی سنسکرتی، اپنی جڑوں سے اتنی جڑی ہوئی تھیں کہ بار بار ہندوستانی سماج میں اپنے ہونے یا شناخت کا مسئلہ اٹھا رہی تھیں۔ اسی موضوع کو لے کر شفق نے 'کانچ کا بازیگر' جیسا اہم ناول اور کئی دوسری کہانیاں بھی لکھیں۔

جدیدیت کا رجحان دراصل ڈرے ہوئے ادیبوں کی ڈری ہوئی آوازیں تھیں۔ وہ ڈرے ہوئے کیوں ہوئے تھے یا کس سے ڈر رہے تھے۔ اس پر تبصرہ کرنے یا بار بار

بتانے کی ضرورت نہیں ہے۔

اردو ادیب کی بے بسی اور لاچاری کا عالم یہ ہے کہ اس نے بہت کم اپنی زمین سے جڑنے کی کوشش کیں۔ تقسیم کے آس پاس اچھے قسم کی، حقیقت نگاری کی مثال تو سامنے آئی لیکن آزادی کی ایک دو دہائی گزرتے ہی یہ زمین ہمارے زیادہ تر افسانہ نگاروں کے پاس سے گم ہو گئی یا گم کر دی گئی۔ ترقی پسندی سے جدیدیت کی طرف واپسی بھی دراصل 'ایک سہما ہوا ڈر' تھا۔ ڈر جو جمہوریت کی کوکھ سے برآمد ہوا تھا۔ اسی خوف و ہر اس کو اردو والوں نے کچھ زیادہ اس لئے بھی محسوس کیا کہ پاکستان بننے کی سازش میں بھی اردو کا قصور ٹھہرایا گیا۔ اردو کے ساتھ دوسرا بڑا حادثہ یہ تھا کہ گھر گھر بولی جانے والی زبان سے اس کی حیثیت چھین لی گئی۔ اردو روزی روٹی سے کاٹ دی گئی۔

تقسیم کا زخم، ہندو مسلم فساد، ماحول میں پھیلا ہوا خوف____ یہ نفسیاتی جائزہ، اس لئے بھی ضروری ہے کہ اردو ادیب تھوڑا تھوڑا ان سب سے متاثر ہوتا رہا۔ اس لئے یہ کہنا مشکل نہیں ہے کہ 'اظہارِ بیان' پر پابندی کے خوف سے اس نے "جدید یا تجریدی کہانیاں " (نہ سمجھ میں آنے والے) کے درمیان پناہ لیا ہو۔ اسی سے ملتی جلتی ایک وجہ یہ بھی ہو سکتی ہے کہ اس مسلسل خوف نے اس کے پاس سے سیدھے (Direct) الفاظ کو غائب کر دیا تھا۔ چونکہ وہ ادیب تھا، اسے لکھنے کا 'جوکھم' بھی اٹھانا تھا۔ وہ خاموش نہیں رہ سکتا تھا اور خوف سے پریشان ہو کر کھلے لفظوں، اپنی بات کہنے سے مجبور تھا____ شاید اسی لئے جدیدیت کی ابتدا ہوئی یا لکھنے والے لکھنے کے نام پر علاقوں کا سہارا لینے لگے۔ اس درمیان آزاد ہندوستان میں ہندوستانی مسلمانوں کے ساتھ ایک واقعہ اور پیش آیا تھا____ از سر نو ان کا "اسلامی کرن" ہو رہا تھا یعنی ہندوستانی جمہوریت کے نئے ماحول میں وہ ایک نیا سیکولر ہندوستان اپنے وجود میں پیوست کر رہے تھے____ یہ گفتگو میں برسوں کے تجربے اور

تجزیے کی بنیاد پر کر رہا ہوں۔ اس تجربہ سے 'غلط مطلب نکالنا درست نہیں ہو گا۔ لیکن ایسا ہو رہا تھا۔ اسلام کی گہری دھند، آہستہ آہستہ چھٹ رہی تھی۔ اسے ہم یوں بھی کہہ سکتے ہیں کہ ہم ایک بھیانک قسم کا کٹرپن' اپنے دل و دماغ سے الگ کر رہے تھے۔ نئے ماحول میں مسلمان ہونے کے معنی بدلے تھے۔ جمہوریت کی لہر اتنی تیزی سے آئی تھی کہ 'اظہار بیان' کے نئے نئے الفاظ پیدا ہونے لگے تھے۔ اردو کہانیوں کا اب تک سب سے سنہرا زمانہ۔ اس زمانہ کے لکھنے والوں پر الزامات بھی لگائے گئے کہ ان کہانی کاروں نے اردو ادب سے قاری چھین لیا۔

دراصل قارئین کی مشکلات یہ تھیں کہ وہ ادب میں در آئی نئ تبدیلیوں کو اچانک سمجھ ہی نہیں پائے۔ نئ کہانیاں ان کے لئے 'مشقت' بھری کہانیاں تھیں۔ تجربے یا 'علامتوں' کے نام پر بیس سال ان تبدیلیوں کی آندھیوں کی زد میں آئے، لیکن ___80 کے بعد 'بیانیہ' کی واپسی نے ایک ساتھ کئی دوسرے سوال کھڑے کر دیے تھے۔

نئ 'کھیپ' میں اردو افسانہ لکھنے والا 'غیر مسلم' افسانہ نگار غائب تھا۔ جوگندر پال، رتن سنگھ، کشمیری لال ذاکر، گربچن سنگھ کی نسل پرانی پڑگئی تھی یا کھوتی جارہی تھی۔ نئے افسانہ نگار فرقہ واریت کی یکایک تیز ہوئی آندھی سے ڈر گئے تھے۔

رتھ یاترائیں، وی ایچ پی کا بڑھتا ہوا اثر اور بابری مسجد کی شہادت کی گونج، اردو ادب کے لئے نئے موضوع بنتے جارہے ہیں۔ عبد الصمد اور ذوقی کے ناول، شموئل کی 'مہاماری' احمد صغیر، محمد علیم اور کوثر مظہری کے ناول کے موضوعات بھی انہیں حالات سے گزرتی 'کتھائیں' رہی ہیں۔ شوکت حیات کی 'گنبد کے کبوتر' بابری مسجد جیسے بھیانک المیہ پر مبنی کہانی ہے ___ تو حسین الحق کی 'استعارہ' گجرات پُر امیدوں کے نئے دروازے کھولتی ہوئے محسوس ہوتی ہے۔ جابر حسین کی نئ کہانیاں بھی گجرات کی 'راکھ' سے بر آمد ہوئی

ہیں۔ ان کی ڈائری کے جلے ہوئے اوراق میں بھی گجرات کی چیخیں سنائی دیتی ہیں۔

روسی شاعر 'رسول حمزہ توف' نے اپنی کتاب 'داغستان' میں لکھا ہے۔

"یہ مت کہنا کہ مجھے موضوع چاہئے۔

یہ کہنا،

یہ کہنا کہ مجھے آنکھیں چاہئے۔"

اردو والوں کو 'موضوع' نہیں آنکھیں چاہئے، یہ الگ بات ہے کہ یہ آنکھیں فی الحال بابری مسجد اور گجرات سے الگ کچھ بھی نہیں دیکھ پارہی ہیں اور دیکھیں بھی تو کیسے؟

نئی صدی اردو فکشن

ہزار داستانیں چپکے سے یوں سو گئیں، جیسے کچھ بھی ہوا نہ ہو مگر غور کیجئے تو ان ہزار داستانوں کے صفحوں پر کیسے کیسے دل دہلا دینے والے واقعے درج ہیں۔ آج سے ہزار برس قبل محمود غزنوی اپنے لشکر کے ساتھ ہندوستان آیا تھا۔ مسلمانوں کی آمد کے ساتھ ہی آریہ ورت تبدیلیوں کی آندھی میں کھو گیا۔ محمد غوری کی آمد، مغل بادشاہوں کی حکومت، تہذیبیں اپنے اپنے نقوش چھوڑتی رہیں۔ پھر فرنگیوں کی حکومت ہوئی۔ غدر کا واقعہ پیش آیا۔ فرنگیوں کا جانا بھی اس ملک کے لئے حادثۂ عظیم تھا، کہ نفرت کی آتش بازی کو تقسیم کے المیہ پر بجھنا مقصود تھا۔ ادھر پاکستان بنا۔ ادھر خانہ جنگی سے گھبرا کر شیخ مجیب نے ایک علیحدہ ملک بنگلہ دیش بنالیا۔

یہاں اس تواریخ کی ضرورت نہیں کہ آریہ ورت کتنے ٹکڑوں میں تقسیم ہوا۔ آزادی کے 53 برسوں کا کہرا اس قدر گھنا اور لہو آلودہ ہے کہ ماضی میں جھانکتے ہوئے بھی

ہول آتا ہے۔ کیسے کیسے لوگ اور کیسی کیسی حکومتیں، سیاست کی بساط پر ہم نے جو کروں کا رقص دیکھا ہے۔ ختم ہوتی ہزار صدی، ڈھلتے سورج کے ساتھ کتنے ہی چہروں کو بے نقاب کرتی چلی گئی۔

___ المیہ یہ بھی تھا۔۔۔ کہ بابری مسجد شہید ہوئی۔

المیہ یہ بھی تھا۔۔۔ کہ "ایک دھکّا اور دو، بابری مسجد توڑ دو" کی صدائیں مدھم ہوئیں تو انہی بھگوا جیالوں نے سیکولر لباس پہن لیا۔

___ المیہ یہ بھی تھا کہ بابری مسجد کی شہادت پر ایوانوں میں جن کی آوازیں میں گونجا کرتی تھیں، وہ اچانک بھگوا رنگ میں نہا گئے۔

___ المیہ یہ بھی تھا۔۔۔ اور المیہ وہ بھی تھا۔

یعنی اس ختم ہوتی الفی نے یہ بھی ثابت کر دکھایا کہ تہذیب کے عروج اور ارتقاء میں آدروں کی بھومیکائیں نہیں ہوتی ہیں۔ جذباتیت سے کوئی مسئلہ حل نہیں ہوتا ہے اور ختم ہوتی صدی نے یہ بھی اعلان کیا کہ اب احساسات و جذبات کے لبادہ کو اتارنے کا وقت آگیا ہے۔

یعنی ہر پارٹی سیکولر بھی ہے اور بیک وقت بھگوا رنگ میں ڈوبی بھی۔

ہر آدمی اپنی جگہ لبرل ہے اور بھگوا تہذیب میں آلودہ بھی۔

یعنی نئ صدی یا نئ الفی میں داخل ہوتے ہوئے آپ ایسی چھوٹی چھوٹی اور معمولی باتیں نہیں کہیں گے۔

اس ختم ہوتی صدی کے اور بھی بھیانک نتائج ہیں، جنہیں دیکھنا اور جن پر غور کرنا انتہائی ضروری ہے۔

___ یعنی آدمی اچانک برانڈ بن گیا۔

____ بچے اچانک ایم ٹی وی کے "وی جے" بن گئے۔

____ انٹرنیٹ کی عورتوں نے چونکا دیا۔

____ کہیں Marxism کا جنازہ اٹھا اور کہیں الام کی آبرو خطرے میں نظر آئی۔

____ ایک دوست، پڑوسی ملک سے دوستی کا ہاتھ مانگنے گیا اور خوبصورتی سے اس کی پیٹھ میں چھرا اتار دیا گیا۔

____ اور

ہزار برس کے لاکھوں واقعات کے ہجوم میں نئی صدی نے جاتے جاتے کملا داس کو برقعہ کا تحفہ دے دیا اور 67 برس کی خاتون کو اسلام میں پردہ ایک ایسی شئے نظر آئی جہاں عورتوں کا تحفظ بر قرار رہ سکتا ہے۔

ہم اشرف المخلوقات ہیں۔ اس لئے ہمیں یہ سب دیکھنے، سوچنے اور محسوس کرنے کا حق حاصل ہے۔

اور اگر غلطی سے ہم ادیب بھی ہیں تو ہماری ذمہ داریاں دوسرے عام آدمیوں سے کئی گنا زیادہ بڑھ جاتی ہیں۔

نئی الفی میں ہم ادب برائے ادب اور ادب برائے زندگی کی فرسودہ بحث و مباحث کے ساتھ نہیں داخل ہوں گے ____ یقیناً زمانہ بدلتا ہے۔ نئی تھیوری اور قدریں ہمارے سماج میں راہ پاتی ہیں اور فرسودہ روایتوں کا چلن ختم ہو جاتا ہے۔ پرانے بت ٹوٹتے ہیں اور نئے بت جنم لیتے ہیں۔

اور یہ سب کچھ تب ہوتا ہے جب حالات، تغیرات مل کر زیست کے نئے فلسفوں کی رونمائی انجام دیتے ہیں۔

یعنی ایک بالکل ہی نیا فلسفہ ____ ایک بالکل ہی نیا آدمی ____ بالکل ہی نئی

سیاست ___ پرانے ڈھانچے نیست ونابود ہو چکے ہوتے ہیں ___

"ایک چڑیا انڈے سے جنم لینے والی ہے ان کائنات ہے جو جنم لینا چاہتا ہے، اسے ایک دنیا کو تباہ و برباد کرنا پڑے گا۔"

___ ہرمن ہیسے (ڈیمیان ناول سے)

"پرانی دنیا کا زوال نزدیک آ رہا ہے۔ ہ دنیا نئی شکل لے گی ___ جو دنیا سامنے ہے، اس سے موت کی مہک آ رہی ہے۔ موت کے بغیر کچھ بھی نیا نہیں ہو گا۔ جن ہو گی۔ تم دیکھو گے ___ چاروں طرف کیسا ہنگامہ بپا ہے۔ یکسانیت سے اکتا کر لوگ مار کاٹ شروع ہونے کا انتظار کر رہے ہیں۔ دراصل نئی دنیا کی شروعات ہو چکی ہے اور یہ بات ان لوگوں کے لئے بھیانک ہے جو پرانی دنیا سے چپکے ہوئے ہیں۔"

___ ہرمن ہیسے (ڈیمیان)

بدلتی ہوئی تہذیب، بدلتے ہوئے ادار کا گواہ ادیب کو بننا پڑتا ہے۔ اس لئے ادب برائے ادب اور ادب برائے زندگی جیسی بحث ے آگے نکل کر ہمیں اپنے سامنے والی دنیا کے تعاقب میں نکلنا ہی ہو گا۔

'نام نہاد نقادوں' نے اب تک جن سوالوں کی خارج کیا ہے کہ ہم کیوں لکھتے ہیں، اب کہیں زیادہ ان سوالوں کے تعاقب میں جانے کی ضرورت ہے۔

"میں یہ سوچنے کی جسارت کرتا ہوں کہ ہیبت ناک حقیقتوں کے اظہار میں مشکل کیوں پیش آتی ہے۔ ایک ایسی حقیقت جو کاغذی نہیں بلکہ ہمارے اندر رہتی بستی ہے۔ جو درد اور حسن سے معمور ہے۔ شاعر، گداگر، موسیقار، پیغامبر، جنگ باز اور بدمعاش۔ اس بے لگام حقیقت کی تمام مخلوقات۔ ہم سب کو تخیل کے در پر کم ہی صدا لگانی پڑتی ہے۔ ہمارا سب سے بڑا مسئلہ ایسے پابند اظہار یا ذریعے کی تلاش کا رہا ہے جو ہماری زندگیوں کی

حقیقت کو قابل یقین بنانے میں ہماری مدد کر سکے۔

یہی میرے دوستو، ہماری تنہائی کا مقصد ہے۔"

___ گابرئیل گارسیامارکیز کی ایک تقریر کولمبیا کا مستقبل سے

یقیناً ادب خلاء میں تخلیق نہیں ہو سکتا۔ ادیب کو اپنے دائرے سے آگے نکلنا ہی ہو گا۔ شخصی پھیلاؤ بھی آج کے ادب کا ہی ایک روشن تقاضہ ہے۔ زندگی، سماج اور فلموں کا مزاج تک بدلا ہے۔ ہندستانی فلمیں بھی کبھی تشدد، کبھی رومانی اور کبھی درمیان کا کوئی راستہ نکالنے پر اس لئے زور دے رہی ہیں کہ بدلے ہوئے ہندوستانی ناظرین کا مزاج آج آسانی سے ان کی سمجھ میں نہیں آرہا ہے۔ اچانک سائبر اسپیس، گلوبل ویلیج اور اکیسویں صدی میں داخل ہوئے ہندوستانی بچے کا چہرہ اس کی سمجھ میں نہیں آرہا ہے۔ ایک طرف جہاں بالی وڈ ان تبدیلیوں کو لے کر پریشان ہے وہیں ہالی وڈ بھی جوراسک پارک، دلاسٹ ورلڈ Saving Private Riyan، انگلش پیشنٹ اور حالیہ Titanic جیسی فلموں کے ذریعہ نت نئے تجربے کئے جارہا ہے کہ نئے ملینیم میں آخر عوام کی پسند کیا ہو گی۔

حقیقتاً، سائنس، کائنات اور انسان کا تعلق ہی آج کے ادب کی مضبوط بنیاد بن سکتا ہے اور سامنے کی ان حقیقتوں کو نظر انداز کر کے ہم کسی بڑے ادب کی تخلیق نہیں کر سکتے۔

مشہور تصوراتی مفکر Kurt Venne Gut نے کہا تھا۔

"ادب اور فنون لطیفہ انسان کو کائنات میں مرکزیت کا درجہ دیتے ہیں اور جب ایسا ہی ہے تو سائنس اپنی پیدائش کے دنوں سے ہی ہمیشہ شکست سے دوچار رہی ہے اور شاید آنے والے وقتوں میں بھی ادب کے بالمقابل اسے وہ مقبولیت نہ مل سکے۔"

ظاہر ہوا، ادب ہر عہد میں سائنس سے زیادہ مقبول رہا ہے۔ ادب کی ذمہ داریاں

زیادہ ہیں اور اس ختم ہوتی ہزار صدی اور نئی ہزار صدی میں، ادب میں سب سے با معنی بھی اور سب سے بھیانک موضوع ہو گا ___ انسان، انسان کی تلاش۔

یہ انسان فرائیڈ کی تحقیقات سے آگے کا انسان ہو گا۔

یہ ڈارون کے خیالوں سے بھی الگ کا انسان ہو گا، جس کے بارے میں کہا گیا تھا کہ کائنات میں انسان کا وجود کسی رحم دل خدا کی وجہ سے نہیں ہوا ہے۔

ٹیسٹ ٹیوب بے بی اور کلوننگ سے آگے نکل کر اسی اشرف المخلوقات کے بارے میں یہ بھی کہا گیا ___

"انسان صرف ایک پیشہ ور جینیٹک روبوٹ کی عارضی مشین ہے۔"

تو طے ہوا، آج کا سب سے اہم موضوع انسان ہے۔ جو پھیل رہا ہے یا سکڑ گیا ہے۔ جو مائیکرو سے "نینو" کی طرف لوٹ رہا ہے۔ جو ایک دن اس قدر باریک یا نقطہ کی طرح مہیب ہو جائے گا کہ نظر نہیں آئے گا۔ جس نے اپنے تحفظ کے لئے ایٹمی بم تیار کئے ہیں اور یہی ایٹمی بم اس کا نشان بھی صفحہ ہستی سے مٹانے کے لئے کافی ہیں۔ اب جس کی "وجودیت" کو تلاش کرنے کی ضرورت نہیں ہے۔ بلکہ اسی انسان نے اپنے وجود کا لوہا یوں منوایا کہ اب یہ وجود بارود کے دہانے پر کھڑا ہے اور کسی وقت بھی انسان کی شناخت کے پرخچے بکھر سکتے ہیں۔

موضوعات کا انتخاب ادیب کی اپنی ذمہ داری ہے۔ اس پر بحث کی زیادہ گنجائش اس لئے بھی نہیں ہے کہ اگر لکھنے والا اپنے عہد کے ساتھ قدم سے قدم ملا کر نہیں چلتا ہے تو وہ خود بہ خود ختم ہو جائے گا۔ یا اس کے مرتے ہی اس کے ادب کو بھی فراموش کر دیا جائے گا۔ دنیا میں کیا ہو رہا ہے اور کیا لکھا جا رہا ہے، اس پر نگاہ رکھنی ضروری ہے۔ لیکن سوچنے کا مقام یہ بھی ہے کہ ہم جس ملک میں رہتے ہیں وہ امریکہ اور دوسرے یوروپی ممالک سے

کافی پسماندہ تصور کیا جاتا ہے۔ 100 کروڑ کی آبادی والے اس ملک میں تہذیب کی اتنی صدیاں گزر جانے کے بعد بھی غربت اور جہالت دونوں موجود ہیں۔ یعنی ایک بڑی جنگ ابھی ان سے بھی لڑنے کی ضرورت ہے۔ ایک سے بڑھ کر ایک نئی ٹکنالوجی کے آنے کے باوجود بھی، ایگریکلچر یا کھیتی کے لئے ابھی تک ہمارا کسان طبقہ ٹریکٹر کا محتاج ہے۔ ابھی اور دوسری ریاستوں میں ایسے بہت سے قبیلے ہیں جہاں تہذیب کی روشنی نہیں پھیلی ہے۔

ایک زمانہ تھا جب اردو گھر گھر کی بولی تھی — اور ایک زمانہ آج ہے، جہاں اردو، دوسری بڑی زبان منوانے کے لیے بھی جدوجہد کا سامنا کرنا پڑتا ہے۔ گہرائی میں جایئے اور اس حقیقت کو تسلیم کیجئے تو اردو ایک ایسی اچھوت زبان بن چکی ہے جسے غیر اپنوں کی بھی ستم ظریفی کا مسلسل شکار ہونا پڑ رہا ہے۔ انڈیا ٹوڈے جیسا مشہور و مقبول رسالہ میلینیم کے لکھنے والوں کا احاطہ کرتا ہے تو بہت ساری زبانوں کے لکھنے والوں کے بیچ اردو کا کوئی ادیب نظر نہیں آتا۔

نئی الفی میں داخل ہونے سے قبل ان حقیقتوں کو بھی تسلیم کرتے چلئے کہ اردو ایک پسماندہ زبان بن چکی ہے۔ آپ اسے نظر انداز کریں گے تو دوسرا اسے اٹھانے والا سامنے نہیں آئے گا۔ یہ بھی تسلیم کیجئے کہ ہم حقیقتاً ایک غریب ملک کے شہری ہیں جہاں منٹوں میں آپ کے کمالات، تواریخ اور ماضی کو فراموش کیا جاسکتا ہے۔

اس خود فراموشی کے جذبے کے پیچھے بھی ہمارے ادب کو بڑا دخل رہا ہے۔ تہذیبیں اپنے ادب میں سانس لیتی ہیں۔ تواریخ اسی ادب کے آغوش میں اپنے آپ کو زندہ رکھتی ہے۔ لیکن ہم نے ادب میں کیا کیا؟ ہم نے کیا لکھا؟ ہم نے کیا دیا — لے دے کر وہی چار ستون اور یہ چار ستون بھی ہندی والوں کی جھولی میں چلے گئے۔ میرؔ غالبؔ کو بھی ہم سے زیادہ انہوں نے اپنا لیا — اور اب وہ یہ پوچھ رہے ہیں کہ میاں، کل کی چھوڑو۔

تمہارے پاس اب کیا ہے ؟

توکیاواقعی، ہمارے اب کا خزانہ خالی ہے —؟

یعنی پچھلے تیس چالیس برسوں میں ہم نے ایسا کچھ بھی نہیں لکھا۔ جس کی شہرت ہو جس پر غور کیا جائے اور جسے ایک بڑاادبی معرکہ تصور کیا جائے —

شاید ایسا صرف اور صرف اردو میں ہی ہوتا ہے — جس کے ادب کا ڈنکا نہیں بجا وہ ادب کے سر تال سمیٹ کر رسالہ کا مدیر بن بیٹھا۔ ایسے ادیب بنام مدیروں سے اردو ادب کا بہت زیادہ نقصان ہوا ہے۔

سمجھنے کی بات یہ ہے کہ جب آپ ایک اخبار یا رسالہ نکالتے ہیں تو وہ اخبار یا رسالہ مالک یا مدیر کی نجی پراپرٹی نہیں ہوتا ہے۔ اس لیے کہ قارئین اور لکھنے والوں کا ایک بڑا طبقہ نہ صرف اس سے جڑ چکا ہوتا ہے بلکہ زیادہ امیدیں بھی وابستہ کر چکا ہوتا ہے۔ لیکن یہیں مدیر کی ہٹلر زم دیکھنے کو ملتی ہے۔ مدیر اگر جاہل بھی ہے تو وہ قارئین پر اپنی پسند تھوپنے کی کوشش کرتا ہے۔

—مثلاً، یہی ادب ہے جو ہم پروس رہے ہیں۔

—مثلاً یہی وہ فنکار ہیں جو ہم نے "اچھالے" ہیں

نتیجہ کے طور پر مدیر کی لابی کے لوگوں کو تو اس کا خاطر خواہ فائدہ پہنچ جاتا ہے اور ایسے لوگ کچھ دیر کے لیے ہیرو بھی بن جاتے ہیں۔

برائی یا افسوسناک بات یہ ہے کہ مدیر ایسے میں چند بہی خواہوں کا بھلا تو کر جاتا ہے مگر اسے ادب میں ہو رہے نقصان کا خیال نہیں آتا۔

پچھلے دس برسوں کا المیہ یہی ہے کہ ہمارے کمزور ادیب مدیر بن گئے۔ اور اپنے چل چلاؤ، میں مستقل ادب کا کاروبار کرتے رہے۔

نئ الفی میں جاتے ہوئے ایسے کاروباری مدیروں سے بھی دو دو ہاتھ کرنے کی ضرورت ہے کہ ادب بکاؤ مال نہیں ہے، جو تم اپنے طریقے سے ادبی منڈی میں فروخت کرنے کی کوشش کر رہے ہو۔

(۱) کہیں کوئی آئیڈیالوجی نہیں تھی۔ مدیر جیسا چاہتا تھا، ادیب کٹھ پتلیوں کی طرح ویسا گھومتا تھا۔

زیادہ نہیں، پچھلے ۲۰۔۳۰ برس کی ادبی تواریخ اٹھا کر دیکھ لیجئے—ادب میں ہونے والے رن، یا گھمسان کا نظارہ انتہائی تکلیف دہ ثابت ہوا۔ یہاں تو جس کی لاٹھی اس کیا بھینس سے بھی زیادہ خراب یا بھیانک معاملہ تھا۔ ہمارے ادب میں آئیڈیالوجی، نام کی چڑیا ادیب کے پاس نہیں، مدیروں کے پاس تھی۔ ایک وقت تھا، جب ترقی پسندی کا بول بالا تھا۔ ترقی پسند رسائل بھرے پڑے تھے۔ میں نے ترقی پسندی کا پرچم اٹھائے ان افسانہ نگاروں کو قریب سے دیکھا ہے، جن کی کہانیوں کے کردار اس وقت پتھر چلاتے تھے، گریبان پکڑتے تھے، نعرے لگاتے تھے اور ہر طرح سے ترقی پسندی کا بازار گرم کرتے تھے۔

پھر میں نے وہ وقت بھی دیکھا جب جدیدیت، ترقی پسندی پر حاوی ہوتی چلی گئی تو یہ سارے فکشن رائٹر جدیدیت کے سائبان تلے آ گئے اور ایسی تجریدی کہانیاں لکھیں کہ خدا کی پناہ۔

یعنی، اصل صورتحال یہ تھی کہ ان کے پاس اپنا آدرش یا آئیڈیالوجی کبھی نہیں تھی۔ یہ مدیروں کی پسند، ناپسند کے حساب سے گھومتی یا بدلتی تھی۔

اور یقیناً اس کا نقصان بھی اردو ادب کو برداشت کرنا پڑا۔

(۳) ادب میں جو بھی برائے تجربہ یا نیا نظر آتا، اسے بڑے ادب کی سند دے دی

جاتی تھی۔

یہ اردو مدیروں کی تیسری حماقت تھی۔ ان سے سوال یہ پوچھا جائے کہ بھائی! تمہیں یہ حق کس نے دیا؟ تمہیں سند کس نے دی تو یہ بغلیں جھانکتے نظر آئیں۔

اور مسلسل ان حماقتوں سے اردو ادب کا نقصان ہو تا رہا ہے۔

یہ وہ نقصان ہے جس نے ہمارے "اچھے" فنکاروں کے پاس سے بھی فکر چھین لی انہیں اس قدر اٹھا دیا گیا کہ گرنے کے سوا کوئی چارہ باقی نہ تھا۔

اس روشنی میں ہمارے فنکار کو ضرورت نہیں تھی کہ وہ زیادہ غور و خوض کر سکے۔

(۴) مدیروں کی ہٹ دھرمی کے کچھ اور بھی برے نتائج سامنے آئے۔ مثلاً نئی نسل کے کئی اچھے فکشن رائٹر نظر انداز کر دیئے گئے۔ ان نئے لکھنے والوں کو یہ سازش، پسند نہیں آئی تو وہ مراٹھی، بنگالی یا ہندی میں چلے گئے — ظاہر ہے ادیب کو جس زمان میں بھی پذیرائی ملے گی وہ وہیں لکھنے پسند کرے گا۔ نئی نسل میں اردو سے ہندی کی طرف فرار کا جذبہ ابھی بھی قائم ہے اور بہر حال یہ نقصان بھی اردو والوں کو برداشت کرنا ہو گا۔

اب اس روشنی میں مختصراً آج کے فکشن کا جائزہ لیتے ہوئے میں اپنی بات ختم کرنا چاہوں گا۔ ان امور کا ذکر اس لیے بھی ضروری تھا کہ اچھا فکشن لکھے جانے کے راستے میں یہ مسائل بڑی طرح حاوی تھے۔ نتیجہ فکشن، عصر حاضر کے اردو ادیبوں کے لیے صرف اور صرف ایک شوقیہ مشق بن کے رہ گیا تھا۔ المیہ یہ تھا کہ نہ وہ اپنے ملک اور ملک کے مسائل سے آگاہ تھے نہ مستقبل کے خطرات ان کے پیش نظر — اور اپنے وقت، اپنے عہد سے آنکھیں چرانے والا سب کچھ ہو سکتا ہے، ادیب نہیں ہو سکتا۔

یقیناً ادیب اپنے عہد سے دو قدم آگے چلتا ہے۔ میزائلوں کے رقص، اور تیسری جنگ عظیم کے بڑھتے خطرات کے پیش نظر اس نے مستقبل کی صورتحال پر بھی غور کیا

ہو گا۔ بہت ممکن ہے جہاں ہم کھڑے ہیں وہ تہذیب کا آخری پڑاؤ ہو۔ یعنی اس کے بعد کوئی تہذیب جنم نہیں لے گی۔ بس ایک ایکسپلوزن، دھماکہ، کوئی ایک نیوکلیر تجربہ اور دنیا ختم—یاد رکھنے کی بات ہے کہ صدی نہیں، صدی ہمارے درمیان سے رخصت ہو چکی ہے۔ اور نئی ہزارویں صدی کی شروعات ہو چکی ہے۔ وقت کے ساتھ سماجی، معاشرتی، ثقافتی تقاضے بھی بدلے ہیں۔ یعنی جیسا کہ مندرجہ بالا سطور میں لکھا گیا، آنے والے وقت میں ہمارا سب کچھ مائیکرو سے نیو کی طرف—

تو۔۔۔ سوال ہے ہمیں یہ سب دیکھنے کا حق حاصل کیوں نہیں ہے؟

نئی صدی میں اردو فکشن لکھنے والا ان صداقتوں سے بے خبر کیسے ہو سکتا ہے۔

ہم پہلے بھی ایک چھوٹی سی محدود دنیا کے علاوہ کچھ نہیں دیکھتے تھے اور شاید اسی لیے ہماری کہانیاں چھوٹے موٹے مسائل، گھر کی چہار دیواری، فرقہ وارانہ فساد اور محدود معاشرے سے آگے کی دنیا دیکھنے یا تلاش کرنے میں یکسر ناکام ہو جایا کرتی تھیں۔ یا کبھی کبھی محض ایک چھوٹا سا دلچسپ واقعہ بن کر رہ جاتی تھیں۔

مثال کے لیے ایک کہانی یوں شروع ہوتی ہے۔ ایک گھنا جنگل ہے۔ جنگل کی طرف جاتی ہوئی ایک گاڑی ہے۔ گاڑی پر شیشے چڑھے ہیں۔ اور اچانک گاڑی کو چاروں طرف سے پاگل جنگلی ہاتھی گھیر لیتے ہیں۔ یعنی چاروں طرف گھٹاٹوپ اندھیرا۔ گھنا جنگل اور باہر جنگلی جہاتھی۔ یعنی جائیں تو کہاں جائیں۔ میرا خیال ہے آج کی صورتحال میں، اس ختم ہوتی ہزارویں صدی میں، کسی کہانی کو اس جنگل میں گم نہیں ہونا چاہیے۔

یہ سید محمد اشرف کی کہانی روگ ہے۔

بہت قبل ڈاکٹر محمد حسن کے رسالہ عصری ادب میں پٹنہ کے ایک افسانہ نگار رحمن شاہی کی ایک کہانی شائع ہوئی تھی—بند دروازہ—رسوئی کا دروازہ بند ہے—بلی مچان پر

بیٹھی ہے۔ دودھ کی حفاظت کرتا ہوا آدمی بوکھلایا ہوا ہے۔ بلی کے پاس ایک ہی راستہ ہے کہ وہ حملہ کر دے۔

ممکن ہے، جرح کیا جائے کہ کہانی یوں بھی لکھی جاتی ہے۔ اس دلیل پر قائم رہا جائے کہ افسانہ نگار کے لیے یہ واضح کرنا ضروری نہیں کہ ہاتھی کون ہے اور جنگل کیا ہے۔ مجموعی مفہوم کی وضاحت (دونوں کہانیوں کی) یوں ہو سکتی ہے۔ ہم چاروں طرف سے مسائل میں گھرے ہوئے ہیں اور ہمارے چاروں طرف خطرناک قسم کے لوگ ہیں۔

فکر کی ضرورت یہیں محسوس ہوتی ہے۔

فنکار کی اسلوب پر گرفت کمزور ہے تو وہ اپنے موضوع کو آفاقی بنانے کا فن نہیں جانتا ہے۔ اشرف ہوں یا شاہی، آج کے عہد میں یہ Pessimism کسی کہانی کا ہتھیار، یا بنیاد نہیں بن سکتا میں یہ نہیں کہتا کہ کہانی کار کو ہیمنگ وے کے the old man and sea کی طرح پیش آنا چاہئے۔ یعنی انسان سب سے طاقتور ہے۔ لیکن محض "ہم مسائل میں گھر چکے ہیں، کہہ دینے سے بھی بات نہیں بنتی۔ اور ایسا وہی لوگ کرتے ہیں جو کہانی پر یا تو زیادہ غور وخوض نہیں کرتے یا جنہیں کہانی بننے کے عمل میں، ابھی بھی مہارت حاصل نہیں ہے —

فکر اور وژن کی کمی نے ہمارے زیادہ تر لکھنے والوں کو بونا بنا رکھا ہے اور ان کے پاس سے سوچنے سمجھنے کی طاقت چھین رکھی ہے۔

نئی صدی میں قدم رکھتے ہوئے یقیناً کچھ پرانی روایتیں ٹوٹنی چاہئیں۔ یہ سب ہمیں یا ہمارے ادب کو دیے جانے والے بہلاوے ہیں کہ ادیب محض فنکار ہوتا ہے۔ مبلغ یا مقرر نہیں ہوتا۔ تالستائے، دوستوفکسی سے، وکٹر ہیو گو، ہیمنگ وے، البر کاموتک نگاہ اٹھا

کر دیکھ لیجئے۔ ادیب جیسے ایفل ٹاور یا قطب مینار کی بلندی پر کھڑا ہے اور اپنے آس پاس کا تجزیہ بھی کر رہا ہے، تصویریں بھی کھینچ رہا ہے۔ وہ ایک اچھا مصور بھی ہے اور مبلغ بھی— the plague کے Dr. Reox کی، ناول کے اختتام میں دی جانے والی تقریر کو کیا کہیں گے آپ؟

نئی صدی کے ادب کے لیے کچھ باتیں کافی اہم ہیں۔ جن کی نشاندہی کرنا ضروری سمجھتا ہوں۔

(۱) اچھے ادب کے لیے صرف مطالعہ اور مشاہدہ نہیں، سیاحت بھی ضروری ہے۔

(۲) آپ کی شخصیت کے کئی Shades ہونے چاہئیں۔ حالیہ نوبل انعام یافتہ گنتر گراس سے ارندھتی رائے تک—

(۳) سیاست آج کے فکشن کا بنیادی منتر یا ہتھیار ہے۔

عہد بدلا ہے۔ مسائل بدلے ہیں۔ ان کی نوعیت بدلی ہے۔ اس لیے اب پہلے سے کہیں زیادہ فکشن پر نئے سرے سے مکالمہ کرنے کی ضرورت ہے۔

موجودہ ادبی و تہذیبی پس منظر پر غور کیجئے تو ایک چونکانے والی حقیقت اور بھی سامنے آتی ہے۔ یعنی اردو کا لکھنے والا وہیں کا وہیں کھڑا ہے اور آج کا قاری، اس کی فکر، اس کی موجودہ سوچ سے بہت آگے نکل چکا ہے۔

کیا ہم نئی صدی کی دہلیز پر قدم رکھتے ہوئے ان امور پر غور نہیں کریں گے؟

☆☆☆

اردو افسانوں کی نئی دنیا

1970 کے بعد اردو کہانی میں جو نئے موڑ آئے، میں اُسے ترقی پسند تحریک سے بھی زیادہ اہمیت دیتا ہوں__ کیونکہ نئے لکھاڑی اپنی اپنی شناخت کے لئے ادب کی نئی نئی زمینیں تلاش کر رہے تھے۔ یہ وہ عہد تھا، جب اردو ادب میں ایک ساتھ کئی تحریکیں شامل ہو گئی تھیں۔ کوئی ترقی پسندی سے ہٹنا نہیں چاہتا تھا۔ کچھ لوگوں نے نعرہ بلند کیا کہ اب پریم چند کو ریجکٹ کرنے کا وقت آگیا ہے۔ کچھ لوگ جدیدیت کے دھارے کی طرف مڑ گئے__ کچھ روایتی اسلوب پر قائم تھے۔ کچھ 'اساطیر' میں اُلجھ گئے تو کچھ تجریدی کہانیوں میں، نئی کہانیوں کا عکس تلاش کر رہے تھے۔ بہر کیف، یہ کہنا حقیقت پر مبنی نہیں ہو گا، کہ اس 'توڑ پھوڑ' سے ادب کا زیاں ہوا۔ بلکہ میں تو یہ مانتا ہوں کہ اس سے اردو ادب کو سب سے زیادہ فائدہ ہوا__ 1970 کے بعد نمایاں طور پر چھا جانے والا نام سلام بن رزّاق کا تھا۔ اس لئے انتخاب کے، اس سفر کی شروعات میں نے سلام بن رزاق کی کہانی سے کی ہے۔ اردو کہانی آج کہاں ہے؟ میں چاہتا ہوں کہ مجموعے میں شامل کہانیوں کے حوالے سے اس کی ایک مختصر سی جھلک آپ کو دکھاتا چلوں۔

★★

بات اُداس کرنے والی ہے لیکن حقیقت پر مبنی ہے۔ ہندستان میں اردو فکشن کا زوال آ چکا ہے۔ جو افسانہ نگار 'قد آور' بنا کر اردو کے نقّادوں کے ذریعے پیش کئے گئے، وہ اتنے

پستہ قد ہیں کہ اُن کے ادب پر بات کرنا تضیع اوقات کے سوا کچھ بھی نہیں۔ المیہ یہ ہے کہ اردو فکشن کو زوال کے نزدیک پہنچانے کا سہرا، ایسے ادیب اور مدیر حضرات کے سر بھی جاتا ہے۔ جن کے بارے میں یہ رائے عام ہے کہ 24 گھنٹے میں 20 گھنٹہ وہ صرف پڑھنے اور لکھنے میں گزارا کرتے ہیں۔ لیکن آپ جانئے کہ آپ تیس مار خاں کیوں نہ ہوں، لیکن آپ فکشن کے معیار کا کوئی 'ذاتی پیمانہ' ایجاد نہیں کرسکتے ____ ہمارے یہاں اس 'ذاتی پیمانے' نے پہلے لکھنے والوں کی غیرت خریدی پھر اردو فکشن کو ہی سرِ بازار ننگا کر دیا۔ المیہ یہ بھی ہے کہ 2000 کے بعد اردو میں نئی نسل کا دور دور تک پتہ نہیں ہے اور نئے لکھنے والے ہندی اور دوسری صوبائی یا علاقائی زبانوں کی طرف رجوع کر چکے ہیں ____

☆☆

پاکستان میں رہنے والوں کو میری اس بات پر حیرت ہو سکتی ہے، لیکن نئی نسل کا گم ہو جانا ہندستان میں اردو زبان کے لئے اب ایک بھیانک سچ بن چکا ہے۔ بچپن میں ایک کہانی پڑھی تھی ____ ایک بانسری والا ہے، جو بانسری بجاتا ہوا، گاؤں کے سارے چوہوں کو اپنے ساتھ لے جاتا ہے۔ بانسری والا دوبارہ آتا ہے۔ بانسری بجاتا ہے۔ اس بار اس کے پیچھے پیچھے چھوٹے چھوٹے بچوں کی فوج ہوتی ہے۔ وہ ان بچوں کے ساتھ پہاڑی کے عقب میں اُتر کر غائب ہو جاتا ہے۔

اس قصّے کو اردو کے ساتھ جوڑیئے تو بانسری والا پہلے اردو زبان کو لے گیا اور اس کے بعد نئی نسل کو ____ تقسیم کے ناسور نے اردو کو بھی اس کا ذمہ دار ٹھہرایا تھا۔ شیریں زباں اردو روزی روٹی، روزگار سے اپنا رشتہ منقطع کر کے حاشیہ پر پھینک دی گئی۔ اردو روز بروز اپنوں سے دور ہوتی چلی گئی۔ آزادی کے 57 برسوں میں یہ زبان ہندستان میں صرف

اپنا مرثیہ لکھنے کے لئے زندہ رہ گئی تھی، یا دوسرے لفظوں میں ___ اردو شاعری، یا پھر کسی حد تک فلموں کی زبان بن گئی تھی ___ لیکن دیکھتے ہی دیکھتے فلمی زبان کا چلن بھی بدلا ___ پہلے ہندستانی زبان اور اب کانٹے، کمپنی، سے منّا بھائی ایم بی بی ایس، تک ایک ٹھیٹ دیسی زبان ___ اور ایسی نازک صورت حال میں اردو، اپنے آپ کو زندہ رکھنے کے لئے جدوجہد کرتی رہی اور اس مسلسل جدوجہد کے نتیجے میں یہ آج بھی زندہ ہے تو یہ کم بڑی سچائی نہیں ہے۔

لیکن کیا اتنا کافی ہے کہ ایک بڑی زبان نے کسی طرح سسکتے اپنے آپ کو زندہ رکھا ہے۔ ایک تلخ سچائی یہ ہے کہ 1990 کے بعد اردو میں نئی نسل کے آنے کی رفتار رُک گئی ہے۔ فکشن کے نئے دستخط ادب میں ناپید ہیں۔ پرانے دستخط اور کم و بیش جنہیں آج بھی نوجوان قلم کار کہہ کر پیش کیا جارہا ہے، ان میں سے زیادہ تر لوگ پچاس نہیں بلکہ ساٹھ سے زیادہ عمر گزار چکے ہیں۔ تادم تحریر میں خود بھی عمر کی بیالیس بہار اور بیالس خزاؤں کا حساب لے چکا ہوں اور آپ جانئے، کہ منٹو تو اس عمر میں اپنے شاہکار چھوڑ کر رخصتی کا پروانہ بھی لے کر آگیا تھا ___ اردو ادب میں اس سے زیادہ تاریکی کا، اس سے قبل کبھی احساس نہیں ہوا تھا۔ یعنی بھیانک اندھیرا ہے۔ اجودھیا اور گجرات سے بھی بھیانک۔ کیونکہ آپ تسلیم کیجئے نہ کیجئے، میں ایک زبان، ایک تہذیب کو کسی پاشان، کسی موہن جوداڑو میں گم ہوتا ہوا دیکھ رہا ہوں۔

"وہ گم ہو جائیں گے /
جیسے ایک دن /
تہذیبیں گم ہو جاتی ہیں"

پہلی بجلی تہذیب پر گری۔ کہتے ہیں پہلے آئیڈیالوجی پر برف جمتی ہے اور اِس کے

بعد زبان خود بخود گمنامی کے اندھیرے میں کھو جاتی ہے۔ آئیڈیالوجی اور فکر کی سطح پر، آزادی کے 57 برسوں کی حقیقت بھیانک تھی۔ سچائی یہ تھی کہ آپ کہاں تک جدوجہد کریں گے۔ جدوجہد کے کٹہرے میں مسلمان تھے ____ 57 برسوں میں لگاتار اپنی زمین اپنی خاک اور اپنے ہندستان کے لئے مسلسل تکلیف دہ سوالوں سے جوجھتا ہوا مسلمان ____ کریکٹ سے پاکستان، وفاداری سے غدّاری تک ____ نسلیں جنم لیتی رہیں اور مسلمان بار بار زہریلے تیروں سے زخمی ہوتا رہا۔

اسکول سے کالج، دفتر سے گھر اور دوستوں سے باہر کافی ہاؤس تک ایک پوری زندگی انہیں مکالموں کے درمیان گزر جاتی تھی اور یہ بات کم و بیش بھلا دی جاتی کہ تقسیم کے وقت نفرت کے طوفان میں جو اپنی خاک، اپنا وطن چھوڑ کر نہیں گئے، وہ کتنے بڑے وطن پرست تھے۔

ممکن ہے اردو فکشن پر تنقید سے الگ، یہ گفتگو آپ کو کوئی سیاسی گفتگو لگ رہی ہو۔ تسلیم! لیکن جانے انجانے اردو اِس سیاست کا حصہ بن چکی ہے۔ اس لئے اردو پر مکالمہ ہوگا تو سیاست کی باتیں سامنے آئیں گی ہی۔

حقیقت یہ ہے کہ آزادی کے 57 برسوں میں مسلمان مسلسل اپنی شناخت کے لئے لڑتا رہا۔ تقسیم، فرقہ وارانہ فساد اور گجرات سے پیدا شدہ سچ، اسی شناخت کی شاخیں تھیں۔ عرصہ پہلے 'شفق' نے اسی موضوع کو لے کر ایک کہانی لکھی تھی ____ شناخت۔ یہ آزادی کے بعد اُبھرے ہولناک سچ سے پیدا ہونے والی کہانی تھی۔

آزادی کے بعد کا ہندستان، فساد اور دنگوں کی نئی نئی کہانیاں رقم کر رہا تھا۔ اردو افسانہ نگار خوفزدہ تھا۔ 1936 کی ترقی پسندی کو، اظہار میں دقت پیش آرہی تھی ____ زمین گرم اور بارودی ہو چکی تھی۔ 'انگارے' کا عہد ختم ہو چکا تھا۔ ڈرے سہمے تخلیق کار

نے لکھنا چاہا تو جدیدیت کے علاوہ کوئی روشنائی میسر نہ تھی۔ آپ مانیں نہ مانیں، نقّاد تسلیم کریں نہ کریں لیکن جدیدیت کی پیدائش اسی پُر آشوب موسم میں ہوئی تھی۔ خوف کی سرزمین، وحشت کے سائے، دہشت کا پس منظر: کل ملا کر مجموعی فضا ایسی تھی کہ تحریر پر نئے اور جدید الفاظ حاوی ہوتے چلے گئے۔ ڈرے سہمے لوگ انگارے کی ترقی پسندی اور بے باکی چھوڑ، نئے الفاظ سے تاش کا نیا محل (کہانی) تعمیر کرنے میں جُٹ گئے تھے۔ یعنی جدیدیت ایک ایسے خوفناک اندھیرے سے برآمد ہوئی، جہاں ڈر تھا___ کہ لفظوں کو زبان مل گئی تو اپنی آزادی کے لئے خطرہ پیدا ہو سکتا ہے۔ نئے ماحول میں مسلمان ہونے کے معنی بھی بدلے تھے۔ نئے ماحول میں سیکولرزم اور لبرلزم کی ہوا اِس شدت سے چلی کہ پتہ بھی نہیں چلا___ تب تک نئی آزادی میں پرورش پانے والی نئی تہذیب کے بطن سے خوفزدہ علامتیں جنم لے چکی تھیں۔

☆☆

دیکھا جائے تو یہ اردو کا سنہری عہد تھا۔ اردو تحریر میں 'مسائل' کا سیلاب آیا ہوا تھا۔ لکھنے والوں کا ایک لمبا قافلہ تھا۔ لکھنے والوں پر یعنی جدیدیوں پر سب سے بڑا الزام یہ بھی لگایا گیا کہ قاری گم ہو گیا___ لیکن اردو قاری کے گم ہونے کے باوجود لکھنے والوں کی قطار میں مسلسل اضافہ ہوا جا رہا تھا۔ اس عہد نے کئی بڑے نام دیئے۔

1980 کے بعد بیانیہ کی واپسی کا ڈھول زور زور سے پیٹا گیا۔ ایک بار پھر ملک کے حالات بدل چکے تھے۔ اڈوانی جی کی رتھ یاتراؤں نے پورے ملک کو بارودی سرنگ میں تبدیل کر دیا تھا۔ ادب تو سماج کا آئینہ ہوتا ہے۔ بدلے ہوئے فسادزدہ موسم کا تقاضہ تھا کہ جدیدیت کے خول سے باہر نکلا جائے اور ایک بار پھر ترقی پسند لفظوں پر بھروسہ کیا

جائے۔ 80 کے بعد کا ادب اسی نفرت کی آندھی سے وجود میں آیا تھا۔ پاکستان، ہجرت اور فرقہ وارانہ فساد اور ان سے مسلسل پستے ہوئے مسلمانوں پر عبد الصمد کا ناول 'دو گز زمین'، 'خوابوں کا سویرا' ذوقی کا 'بیان'، 'مسلمان'، حسین الحق کا 'فرات' سامنے آ چکے تھے۔ 90 اور 95 تک ان موضوعات پر اور بھی کئی کچّی پکّی تحریریں سامنے آئیں، لیکن ایک حقیقت اور بھی تھی یہ تمام لکھنے والے وہی تھے جو ایک لمبے عرصے سے ادب لکھنے میں مصروف تھے۔ لیکن سوال تھا کہ نئی نسل کہاں ہے؟ کیونکہ اُس وقت تک مرحوم انور خاں، سلام بن رزّاق، علی امام نقوی، شوکت حیات، شفق جیسے تمام افسانہ نگاروں کو نوجوان افسانہ نگار کے نام سے ہی یاد کیا جا رہا تھا۔

اس سچ کا انکشاف بھیانک تھا کہ نئی نسل کا آنا رُک گیا ہے۔ اردو کے ارد گرد خوش فہمیوں کا حصار کھینچنے والے اور اردو کے نام پر اپنی اپنی روٹیاں سینکنے والے اس سچ سے قطعی انجان تھے۔ یعنی مشرف عالم ذوقی کے بعد؟ شاہد اختر کے بعد؟ معین الدین جینا بڑے اور سہیل وحید کے بعد؟ صغیر رحمانی اور شین حیات کے بعد؟

لکھنے والے اپنے عہد کے مسائل اور فرقہ وارانہ فساد سے بھی متاثر تھے۔ پرانی الفی کے ختم ہوتے ہوتے مسلمان دہشت اور آتنک واد کا استعارہ بن چکا تھا۔ نئی نسل ہندستان میں اپنا ملک، اپنی زمین تلاش کر رہی تھی کیونکہ 2000 کے بعد کی ہندستانی سرزمین، ترشول اور ہندوتو کی سرزمین تھی۔ سیاسی سرگرمیوں کا طوفان آیا ہوا تھا۔ سہیل وحید نے اس موضوع پر ایک کہانی لکھی اور مضبوطی سے اپنی موجودگی کا فخریہ اعلان کر ڈالا۔

"محمد بن قاسم ہزاروں شہسواروں کے ساتھ وادیِ سندھ کو سر کرتا چلا آ رہا ہے۔ چاروں طرف قتل و غارت گری ہے۔ چیخ و پکار ہے اور وہ سب کو روندتا ہوا بڑھتا چلا آ رہا ہے۔ اُس نے آتے ہی اپنی شہنشاہیت کا اعلان کر دیا۔ اُس کے کارندے ملک بھر کے

راجاؤں اور جاگیر داروں کو جمع کر رہے ہیں محمد بن قاسم اُن سب جاگیر داروں اور راجاؤں سے اُن کے صوبے کی مناسبت سے رقم وصول رہا ہے۔ جتنا بڑا صوبہ ہے اُتنی بڑی رقم شاہی خزانے کے حوالے کر دو ورنہ صوبہ تم سے لے لیا جائے گا۔ کچھ دے رہے ہیں، کچھ دبی زبان میں احتجاج کر رہے ہیں۔ دیکھتے ہی دیکھتے سونے چاندی کے سکّوں اور زیورات کا انبار لگ گیا۔ محمد بن قاسم فاتحانہ نظروں سے سونے چاندی کے ڈھیروں کو دیکھتا ہے اور پوچھتا ہے____

"بس ہندستان میں کوئی جگہ نہیں بچی۔۔۔'

'نہیں حضور سارے علاقوں کا نذرانہ آپ کو ادا کیا جاچکا ہے۔'

'بس اتنی ہی زمین ہندستان میں ۔۔۔؟' ارے یہ کیا، یہ تو جہاں جاتے ہیں خرید و فروخت شروع کر دیتے ہیں۔۔۔ لڑکی کی قیمت۔۔۔ مہر۔۔۔ میں پوری قوت سے چیخا۔'

'نہیں قاسم، نہیں____یہ زمین نہیں بک سکتی۔'

(زمین____سہیل وحید)

یہ آزادی کے بعد کا المیہ تھا۔ ایک طرف زمین کھسک رہی تھی۔ دوسری جانب پاکستانی ٹھہرائے جانے کا الزام تھا۔ اپنا وطن، اپنی مٹی، سب پرائی نظر آرہی تھی۔

"جلوس اُس کے پاس سے گزر کر آگے بڑھ گیا____

'ہندستان چھوڑو۔۔۔ پاکستان جاؤ۔'

'بھارت چھوڑو۔'

وہ سوچنے لگا، گھر میں تو بیٹی داماد ہیں۔ محلے والے مسجد میں نہیں رہنے دیں گے۔ اب اُسے اپنے وطن کی فصیل بھی تنگ جان پڑنے لگی تھی۔

'تو کہاں جائیں وہ____'

'کیا پاکستان ____؟'

'مگر کیوں ____؟'

'وہاں کون ہے اُس کا ____؟'

'اجنبیوں کے درمیان کیسے رہے گا وہ ____؟'

(اُسے زمین پر رہے دو ____ صغیر رحمانی)

دیکھتے ہی دیکھتے صورت حال مکمل طور پر بدل گئی۔ اردو میں لکھنے والا مسلمان ادیب ذاتی انتشار اور بے چینی سے الگ اپنی شناخت اور حب الوطنی کے جذبے میں غوطہ زن تھا۔ اپنا ملک جیسے گھنے کہرے میں گم ہو گیا تھا۔ اسلامی دہشت پسندی کا شور زوروں پر تھا۔ لکھنے والا اِسی سیاسی منظر نامہ میں مسلمانوں کی نفسیات کا مطالعہ کرتا ہوا اپنی تحریر کو دھار دار اور بامعنی بنانے میں مصروف تھا۔ کبھی ادیب کمزور پڑا، کبھی قلم اور اسی کے ساتھ اردو میں نئی نسل کا آنا بند ہو گیا۔ زیب اختر، شین حیات، ترنم ریاض، صغیر رحمانی، غزال ضیغم، دیکھتے ہی دیکھتے لکھنے والوں کا ایک مختصر سا کارواں ہندی کی طرف ہجرت کر گیا۔ یہ لکھنے کی مجبوری سے زیادہ اپنی بات زیادہ لوگوں تک پہنچانے کی مجبوری بھی تھی۔

افسوس کا مقام یہ ہے کہ ہم اب بھی خوش فہمیوں کے جنگل میں جی رہے ہیں کہ زبان مری نہیں ہے۔ لیکن سوال ہے زبان ہے کہاں؟ اردو محض چند اخبار اور دو چند اردو رسائل کے سہارے زندہ ہے۔ اس زبان میں لکھنے والا کسی روز گار کی امید نہیں کر سکتا۔ اپنے لفظوں کی قیمت نہیں وصول کر سکتا۔ لیکن ایک حقیقت اور بھی ہے۔ گہری ناامیدی نہ ختم ہونے والی تاریکی کے باوجود ہم نے امید اور حوصلے کا دامن نہیں چھوڑا ہے۔ ہم جیسے کسی معجزے کے انتظار میں ہیں۔ روزی روٹی سے کاٹ دیئے جانے کے باوجود آزادی کے 57 برسوں میں کسی بھی طرح ایک زبان زندہ رہی تو ہم بھاجپائیوں کے ہاتھوں اُس

زبان کو مرنے نہیں دیں گے۔ ہماری امیدیں اکادمیوں سے نہیں ہیں۔ ہماری امید کا مرکز ہے عام آدمی۔ جو کسی بھی مذہب کا ہو سکتا ہے۔ لیکن اردو کے ذکر کے ساتھ جس کے ہونٹوں پر اُداس مسکراہٹ کے ساتھ صرف ایک جملہ ہوتا ہے____ "شیریں زباں۔ اس زبان کو مرنا نہیں چاہئے____ " دوسری اہم بات اردو کو ہندی جیسی راشٹریہ زبان اور ہندی کے تمام لکھنے والوں کا تعاون حاصل ہے۔ وہ لوگ ہماری زبان کے لئے مسلسل اپنی طرف سے کوئی نہ کوئی جنگ لڑتے رہتے ہیں۔

اب ذرا اردو کی سیاسی صورتحال سے باہر نکل کر کہانی کی طرف واپس آتے ہیں۔ 1990 سے 2003 کا سفر، اردو کہانی کے لئے ایک 'تاریخی سفر' کی حیثیت رکھتا ہے۔ یعنی ملک کی صورتحال کے بد سے بدتر ہونے کے ساتھ ساتھ، اردو کہانی بھی ڈری اور سہمی نظر آنے لگی تھی۔

اردو کبھی بھی تقسیم کی ذمہ دار نہیں رہی۔ اس کے باوجود آزادی کے بعد اردو پر فرقہ واریت کا الزام بھی لگا اور اردو کو تقسیم کی ذمہ دار آنکھوں سے بھی دیکھا گیا۔ دیکھتے ہی دیکھتے شیریں زبان اردو، روزی روٹی سے کاٹ کر حاشیے پر ڈھکیل دی گئی۔ 57 برسوں کے سیاسی منظرنامے میں یہ زبان ایک ڈری سہمی ہوئی زبان بن گئی۔ رتھ یاتراؤں، بابری مسجد شہادت سے لے کر گجرات قتل عام سے پیدا شدہ بھیانک صورتِ حال کا جائزہ لیجئے تو یہ اندازہ لگانا مشکل نہیں ہو گا کہ____ اردو اس لئے ڈری چونکہ مسلمان ڈر گئے تھے۔ دیکھا جائے تو اس نقطۂ نظر سے زبان فرقہ واریت کے کٹہرے میں کھڑی ہو جاتی ہے۔ یعنی، یہ بات غلط ثابت ہو جاتی ہے کہ زبان کسی مذہب یا قوم کی جاگیر نہیں ہوتی۔ 57 برسوں میں اردو کی اس حالتِ زار کو لے کر 'چامسکی' کی زبان کے بارے میں تمام فلسفے

مثلِ حباب ثابت ہوتے ہیں ___ رتن سنگھ اور جوگندر پال جیسے سینئر افسانہ نگاروں کا تذکرہ چھوڑیے تو زیادہ تر مسلمان افسانہ نگاروں کے افسانے کے 'مسلمان' کردار اس قدر خوفزدہ دکھائی دے رہے تھے کہ نئی کہانی کو لے کر از سرِ نو گفتگو کی ضرورت محسوس ہوئی ہے۔

آپ کو تعجب ہوگا، تقسیم کے وقت اردو تو بالکل نہیں ڈری تھی۔ فساد کے درمیان یہ کماری 'سادھوی' یا اوما بھارتی کی طرح 'علم الحساب' میں اُلجھ کر رہ گئی تھی ___ بقول کرشن چندر، پیشاور ایکسپریس یا اُس وقت کی زیادہ تر کہانیوں کا جائزہ لیجئے ___ 'ہندوؤں نے اتنا مارا۔ مسلمانوں نے اتنا مارا ___ ' اتنے مسلمانوں سے کٹی ہوئی ریل امرتسر اسٹیشن پر رُکی، تو دوسری جگہ یہی باتیں ہندوؤں کے بارے میں لکھی جارہی تھیں۔

ایک دوسرے کو موردِ الزام ٹھہرانے والی کہانیاں بھی تھیں۔ یعنی ایک پر دوسرے پر کٹّرپن کا الزام لگانا۔ زخمی حالات یا مسائل سے آنکھیں بند کر لینے کی کارروائی ___ بربریت اور ہر طرح کے ظلم کی عکاسی کے باوجود اُس وقت کی کہانیاں خوفزدہ نہیں تھیں۔

اردو افسانہ نگاروں کی کہانیوں نے ڈرنا شروع کیا ہے، اڈوانی جی کی رتھ یاتراؤں کے وقت سے ___ یعنی پندرہ برسوں کا عرصہ اردو افسانہ نگاروں کے لئے ایسا بدترین عرصہ رہا ہے، جس کی نظیر ساری دنیا میں نہیں ملے گی۔

افسانہ نگار تو ڈرا تھا ہی، ساتھ ہی اردو افسانہ نگاروں کی کہانیاں بھی خوفزدہ ہو گئی تھیں۔

ساجد کی 'پناہ' سلام کی 'اندیشہ'، اشرف کی 'آدمی' شوکت حیات کی 'گنبد کے کبوتر'، ولی محمد چودھری کی 'دھُند میں گھرا مکان'، علی امام نقوی کی 'ڈونگر باڑی کے گدھ'، خالد

جاوید کی 'کوبڑا اور ہذیان'، طارق چھتاری کی 'باغ کا دروازہ' میں شامل زیادہ تر کہانیاں، احمد رشید کی 'وہ اور پرندہ' اسی طرح انجم عثمانی 'ابن کنول' اُمِ مبین، نورالحسنین، مظہر سلیم، اشتیاق سعید وغیرہ بھی ڈری سہمی کہانیوں کی 'جگالی' کر رہے تھے۔

کہانی کا خوفزدہ ہو جانا کسی بھی زبان کی تاریخ میں شاید پہلی بار ہوا تھا۔ اردو جس کا ایک شاندار ماضی رہا تھا۔ چلئے ایک نظر 'داستانی عہد' پر بھی ڈالتے ہیں۔

اردو اپنے داستانی عہد سے ہی (1865 سے 1900) حال اور تاریخ دونوں ہی سے، ایک ساتھ روبرو ہوتی رہی۔ خواجہ ناصر فراق دہلوی کا زمانہ یاد کیجئے۔ 'لال قلعہ کی جھلک'، 'بیگموں کی چھیڑ چھاڑ' یا 'دِلّی کا اُجڑا ہوا لال قلعہ' ہو۔ ان داستانوں کی زبان اور تاریخ کے چھینٹے تو دیکھئے۔ خواجہ عبدالرؤف عشرت، سلطنت اَودھ کی مغلیہ فوج کی کہانیاں 'گھنٹہ بیگ' کے نام سے لکھ رہے تھے اور 'دربار دہلی کی کنکوا بازی' کے قصّے سنا رہے تھے۔ میر باقر علی داستان گو سے اردو کی شروعاتی کہانیوں تک اپنے عہد اور حالات کی عکاسی ہوتی رہی۔ ان کہانیوں میں کہیں کہیں 1857ء کے غدر کا ذکر بھی مل جاتا ہے۔

یہ تذکرے یوں ضروری تھے کہ اردو کہانیوں نے سامنے کے حالات کو کبھی بھی فراموش نہیں کیا۔ انگریزوں کے ظلم بڑھے، نفرت کی آندھیاں چلیں اور تقسیم کے سیاہ بادل لہرائے تو قلم کی نوک ذرا خاردار ہو گئی۔ عزیز احمد، قدرت اللہ شہاب، پریم ناتھ در، اُپیندر ناتھ اشک، راما نند ساگر، منٹو، احمد علی، عصمت چغتائی، اشفاق احمد، دیکھا جائے تو سارے ہی لہولہان تھے۔ تقسیم کی ہیبت ناکی، موت کی آندھی بن کر آئی تھی۔ سب سے بڑی بات 'قلم' ترقی پسند تھا۔ لکھنے والے، اپنے لکھنے پر محتاط تھے ____

'خبردار! تحریر پر اثر نہیں پڑے۔'

شاید اسی لئے عزیز احمد کی 'کالی رات' ہو یا اشک کی 'ٹیبل لینڈ' شہاب کی 'یا خدا' ہو یا

راما نند ساگر کی 'بھاگ ان بردہ فروشوں سے'۔ عصمت کی 'جڑیں' ہو یا منٹو کی 'کالی کہانیاں '۔ سب کے موسم ایک تھے۔ سب کا درد ایک تھا۔ سب کی کہانیوں میں ہندو اور مسلمان ہلاک ہو رہے تھے۔ لیکن سبھی کو راستے کی تلاش تھی۔ نفرتیں بھیانک نہیں ہوئی تھیں۔ کہانی خوفزدہ یا سہمی ہوئی نہیں تھی۔

فساد اس ملک کا چوتھا موسم رہا ہے۔ آزادی کے بعد بھی فساد ہوتا رہا۔ فرقہ وارانہ فساد، شیعہ سنی فساد____ اردو قلم ایسے تمام حادثوں سے گزرتا رہا۔ ظاہر تھا، اپنے مسائل سے آنکھیں بند کر کے لکھنا کوئی معنی نہیں رکھتا تھا۔

بابری مسجد شہادت کے اِرد گرد حالت ذرا زہریلی ہوئی۔ حالات ساز گار نہیں تھے۔ (یہ سب خود میری آنکھوں کا دیکھا ہوا ہے) بسوں میں اردو رسائل کو نفرت سے دیکھتی آنکھیں۔ اُس وقت میں کرائے کے مکان میں تھا، مجھ سے کہا گیا____ "آپ اپنے یہاں 'مسلمانوں' کا آنا بند کیجئے۔ زور زور سے ملنے والوں کو سلام کرنا اور 'خدا حافظ' کہنا بند کیجئے۔ "

ایسی حالت میں طے ہے، حالات ساز گار نہیں تھے۔ صورتِ حال بگڑنی شروع ہو گئی تھی۔ میں نے خود اس بگڑتی حالت کو لے کر 'مسلمان' اور 'بیان' لکھا ہے۔

مسلمان شک کے دائرے میں تھے اور کہنا چاہئے، ان بارہ تیرہ برسوں میں یہ 'دائرے' کچھ زیادہ ہی سخت ہونے لگے۔ مسلمانوں نے ڈرنا شروع کر دیا تھا۔ اردو تخلیق کاروں نے ڈرنا شروع کر دیا اور ان سب سے زیادہ تکلیف دہ حقیقت یہ تھی کہ اردو کہانیوں نے ڈرنا شروع کر دیا تھا۔

"لڑکے کی مٹّھی کا نشانہ اُسی کی طرف تھا۔ آخری لمحوں میں دوڑتے ہوئے اُس نے سوچا کہ بڑھ کر لڑکے کا ہاتھ تھام لے۔ رحم کی بھیک مانگے۔ اُس کو بتلائے کہ اُس کا تعلق

مخالف جماعت سے نہیں ہے۔ اُس کا تعلق کسی شئے سے نہیں ہے۔ سوائے سانسوں کے ____ لیکن اس کا موقع نکل چکا ہے۔ بس سے اُس کے پرخچے اڑنے والے تھے۔"

'کہ' ____ شوکت حیات

"...انہوں نے سنتوش کی سانس لی کہ اب وہ بستی سے دور ایسی جگہ پہنچ گئے تھے جہاں نہ کوئی آدمی تھا، نہ آدم زاد، وہ تینوں نئی پرانی قبروں کے درمیان بغیر کسی خوف کے قبرستان کے گھنے درختوں اور خود اُگنے والی جھاڑیوں کے گہرے اندھیرے میں بڑھتے چلے گئے۔"

'پناہ' ____ ساجد رشید

"اب دور نکل آئے ہیں۔ بتاؤ تو سہی۔ کیا بات تھی؟ سرفراز نے گاڑی روک دی۔" باغ کی میڑ پر درختوں کے درمیان ایک آدمی جھکا کھڑا تھا۔ اس کے ہاتھ میں کوئی ہتھیار تھا، جسے وہ زمین پر ٹکائے ہوئے تھا۔"

'آدمی' ____ سید محمد اشرف

حقیقت میں یہی ڈرا سہا چہرہ اردو فکشن کا نصیب بن گیا۔ ناول کی بات کیجئے تو ان دنوں ہندستان میں لکھے جانے والے تمام تر ناولوں کا ہیرو خوف تھا۔ کُل عرصہ بارہ سے پندرہ برسوں کا ہے۔

موضوع: رَتھ سنسکرتی سے لے کر ورلڈ ٹریڈ ٹاور منہدم کرنے کا واقعہ بھی ہے۔

مشہور ناول نگار 'شفق' نے مسلمانوں پر منڈلاتے سیاہ بادلوں سے گھبرا کر 'بادل' لکھ دیا: "تیسرا پلین 'پنٹاگن' کے فوجی ہیڈ کوارٹر سے ٹکرایا ہے۔ آگ پھیلتی جارہی ہے۔ خیال ہے کہ وہ پلین وہائٹ ہاؤس سے ٹکرانے جارہا تھا۔ یہ سب کیا ہو رہا ہے، خالد نے بھاری دل سے سوچا، مسلمان خوشیاں مناتے ہوئے اپنی تصویر کیوں کھنچوا رہے ہیں۔ انہیں

حادثے کے ساتھ کیوں دکھایا جا رہا ہے۔ نام لئے بغیر بھی یہ سمجھایا جا رہا ہے کہ اس حادثے کے ذمہ دار مسلمان ہیں۔ اگر وہ حادثے کے ذمہ دار نہیں بھی ہیں، تب بھی وہ اتنے 'سیڈسٹ' ہیں کہ اس بڑے حادثے پر دُکھ کے بجائے ناچ گا کر خوشی کا اظہار کر رہے ہیں۔"

____'بادل'

احمد صغیر نے 'جنگ جاری ہے'، کوثر مظہری نے 'آنکھ جو سوچتی ہے'، محمد علیم نے 'جو اماں ملی' اور 'میرے نالوں کی گم شدہ آواز' میں مسلمانوں کا مرثیہ لکھ ڈالا۔ حسین الحق گجرات کا 'استعارہ' لکھ رہے ہیں۔

'نہیں! بچہ زندہ ہے۔'

ایک ڈری سہمی اُمید کی کرن۔ شموئل احمد ہلاکت سے دکھی ہو کر، دکھ کے افسانے کا حال بیان کر رہے ہیں۔ عبد الصمد کی 'دو گز زمین' مہاساگر اور خوابوں کا سویرا میں یہی درد سانپ کی طرح کنڈلی مارے بیٹھ گیا ہے۔ سید احمد قادری، نورالحسنین، فخر الدین عارفی، مشتاق احمد نوری، مقدر حمید، سلام بن رزّاق، قاسم خورشید، تک اسی بے زبان درد کے شکار ہیں۔ ہندی اور اردو دونوں زبانوں میں لکھنے والے پروفیسر جابر حسین کی کہانی اور ڈائری میں ان دنوں بس اسی درد کی آواز سنائی دیتی ہے۔ جابر صاحب کا پہلا مجموعہ 'بہار کا آنکھوں دیکھا حال' تھا تو حالیہ 'ریت پر خیمہ' آج کے مسلمانوں کی ڈائری۔ وہی ڈرے سہمے سوال:

"ہماری رپورٹ کہتی ہے، گاؤں پر دوبارہ حملہ ہو سکتا ہے۔ پولیس کے دستے یہاں تعینات رہیں گے۔ لیکن سورج غروب ہونے سے قبل آپ لوگوں کو گاؤں سے چلے جانا ہو گا۔

'نہیں گئے تو۔۔۔'

نہیں گئے تو تم لوگ کیا کر لو گے۔ وہی نا، جو دنگائیوں نے کیا ہے۔ اپنی سنگینیں ہمارے سینوں میں اُتار دو گے۔ یہی کرو گے نا، بولو؟"

'بندے سے کچھو نا ہی'____ جابر حسین

زیب اختر، صغیر رحمانی اور شین حیات کی کہانیوں کا منظرنامہ بھی یہی ہے۔ خالد جاوید 'کوبڑا اور ہذیان' میں 'نئی علامتوں اور استعاروں' کے ذریعے اسی دکھ یا بُرے موسم کا حال کہتے نظر آتے ہیں۔ بیگ احساس کی زیادہ کہانیوں میں آج کے مسلمانوں کا درد جھانکتا ہے۔ بیگ احساس کی زیادہ تر کہانیاں ایسی دردمندی کی کہانیاں ہیں جن کے مطالعہ سے آج کے خطرناک ماحول میں سانس لیتے ہوئے مسلمانوں کا المیہ صاف طور پر نظر آ جاتا ہے۔

علی امام نقوی کشمیر کو موضوع بنا کر 'بساط' جیسا ناول لکھتے ہوں یا سلام بن رزّاق 'شکستہ بتوں کے درمیان' یا شہر گریہ' جیسا افسانہ تحریر کرتے ہوں، سب جگہ یہی سہمے سہمے مسلمان آپ کے کردار ہیں۔ مظلوم، وقت کے ستائے ہوئے۔ 'دنگا سنسکرتی' اور گودھرا سے زخمی۔ 'انسل پلازا' جیسے واقعے میں اپنے 'بے جرم' چہرے کو پڑھتے ہوئے۔ سچ بولنے والے، کرشن جیسے لوگوں کی گنتی گنتے ہوئے۔ برکھا دت اور راج دیپ سردیسائی کی پیٹھ تھپتھپاتے ہوئے____ اسٹار پلس اور میڈیا کے کندھے سے خوش۔ اپنی 'موت' کچھ دن اور ٹالتے ہوئے۔ سہیل وحید، مظہر الزماں خاں، معین الدین جنابڑے یا پھر انور قمر کی کہانی 'گردش زد' کا پُراسرار' خطرناک ماحول دیکھ لیجئے____ آہستہ سُر میں کہنے والے طارق چھتاری جب 'باغ کا دروازہ' لکھتے ہیں، اس وقت بھی یہی ڈر ان کی کہانی کا 'محور' بن جاتا ہے۔

اس میں شک نہیں کہ اردو کا سیاست سے بڑا عجیب رشتہ رہا ہے۔ شاید اسی لئے تقسیم کے وقت اردو بھی تقسیم کے لئے قصوروار ٹھہرائی گئی۔ 2004 انتخاب کے بعد کانگریس کی واپسی نے ایک نئی اور سنہری تاریخ کا اضافہ تو کیا ہے۔ لیکن مسلمانوں کے لئے اب ایک دوسرا مسئلہ درپیش ہے ___ فساد اور گجرات کی کہانیوں سے اردو قلم کار باہر نکلنے کی تیاریاں تو کر رہا ہے مگر ایسا لگتا نہیں کہ مستقبل کے اندیشے اُسے اس دھند سے پوری طرح نکلنے میں کامیاب کریں گے۔ اردو کا قلم کار مختلف موضوعات کی دِشا میں بھٹک تو رہا ہے مگر یہ بھی دیکھنا ہے کہ قلم کار ہی کتنے بچے ہیں۔ ایک بھیانک صداقت اور ہے ___ اردو میں لکھنے والی ہندوؤں کی نسل اب پرانی پڑ چکی ہے۔ جوگیندر پال، رتن سنگھ، آنند لہر جیسے نام کافی پرانے ہو چکے۔ اب ان کے بعد والی نسل اردو نہیں جانتی۔ کہتے ہیں۔ زبان کسی مذہب، کسی قوم کی جاگیر نہیں ہوتی۔ لیکن اردو کے ساتھ تو معاملہ ہی دوسرا ہے۔ مسلمان ہی اپنے بچوں کو اردو پڑھاتے ہیں اور ان میں سے ہی کچھ بچے ادب کے بحر ذخار میں کود پڑتے ہیں۔ اب مسلمان بھی نہیں پڑھتے۔ اس لئے خوش فہمیاں بھی آہستہ آہستہ نہ ختم ہونے والی دھند میں تبدیل ہوتی جا رہی ہیں۔

اردو فکشن کا نیا منظر نامہ تاریکی میں ڈوبا ہے۔ فکر غائب ___ کمزور کہانیاں۔ کمزور بنت۔ ناول لکھے تو جا رہے ہیں لیکن انتہائی غیر معیاری۔ جن پر گفتگو کرنا تضیع اوقات کے سوا کچھ بھی نہیں۔ لیکن امید کا رشتہ ابھی ٹوٹا نہیں ہے۔ عبد الصمد، سلام بن رزّاق، علی امام نقوی، معین الدین جینا بڑے، بیگ احساس، خالد جاوید، شوکت حیات، جابر حسین، غزال ضیغم، سہیل وحید، صغیر رحمانی، سید محمد اشرف، شموئل احمد، ترنم ریاض ___ یہ وہ لوگ ہیں جن سے ہم نے بڑی بڑی امیدیں لگا رکھی ہیں۔ کاش! اشرف پھر

سے ڈار سے بچھڑے اور لکڑبگھا سیریز، جیسی کہانیاں لکھنے لگیں۔ عبدالصمد سے ایک بار پھر دو گز زمین جیسے ناول کی امید ہے اور یقیناً یہ امید پوری ہو گی۔ سلام بن رزاق اور علی امام نقوی کی کہانیوں نے ہندی والوں کو بھی متوجہ کیا ہے۔

لیکن ایک سوال جو اپنی جگہ قائم ہے، وہ ہے کہ ان کے بعد۔۔۔۔۔۔؟

اردو فکشن کو اب خوش فہمیوں کے جنگل سے باہر نکلنے کی ضرورت ہے۔۔۔۔۔۔!

☆☆

کیا ۱۹۸۰ء کے بعد کہانی نہیں لکھی گئی؟

میرا اختلاف شخص سے نہیں /
نظریے سے ہے
کہتا ہوں وہی بات سمجھتا ہوں جسے حق

اردو افسانے کو مغرب کی نقالی کے طور پر پیش کرنے کے تنقیدی رویّے نے ایک بیزار کن فضا پیدا کی اور اکثر و بیشتر نقاد اسی مغرب کی کسوٹی پر اردو فکشن کا جائزہ لیتے ہوئے اردو کی داستانی تہذیب کو مسخ کرتے ہوئے ہمارے سامنے آئے— آغاز میں اردو افسانے پر ایڈگر ایلن پو، گالز وردی، چیخوف، موپاساں اور او ہنری کی چھاپ ضرور نظر آئی مگر ایسا اس لیے بھی تھا کہ اردو افسانے نے ابھی ابھی شتر مرغ کی طرح ریت کے سمندر سے اپنا سر نکالنا شروع کیا تھا۔ لیکن سجاد حیدر یلدرم، سلطان حیدر جوش، راشد الخیری سے ہوتا ہوا افسانہ جب منٹو، بیدی، عصمت، کرشن چندر، احمد ندیم قاسمی، قرۃ العین حیدر، عزیز احمد، ممتاز شیریں اور انتظار حسین کے عہد میں سانس لیتا ہے تو سماجی حقیقت نگاری کے کتنے ہی رنگ، نئی زندگی کے حقائق کا سامنا کرتے ہوئے کھلتے جاتے ہیں — کہانی ہندستان، تقسیم، غلامی اور حقیقت نگاری کے بطون سے جنم لے رہی تھی اور نقادوں کی مشکل یہ تھی کہ ان کے پاس چشمہ کل بھی مغرب کا تھا اور آج بھی مغرب کا ہے۔

اگست ۲۰۱۰ء کے اداریہ میں نئی نسل کے نقاد ابرار رحمانی نے ان افسانوں کے

حوالے سے کچھ ایسی تاویلات پیش کی ہیں جن کا جواب دینا اب ضروری ہو گیا ہے۔ مجھے اس بات کا بھی شدت سے احساس ہے کہ ان ۲۰۔۳۰ برسوں میں فکشن کی تنقید لکھی ہی نہیں گئی۔کچھ ایسے لوگ بھی تھے جو بغیر پڑھے ہوا میں لفظوں کے کرتب دکھا رہے تھے۔اس لیے ایسی مریضانہ اور بو جھل تنقید سے الگ کچھ نئے مکالموں کو زیر بحث لانا اب ضروری ہو گیا ہے۔

اداریہ میں قیصر تمکین کے ایک مضمون کا حوالہ ہے جس کا عنوان ہے۔ آج کا اردو افسانہ۔ سن تحریر ۱۹۳۶ء۔ اس مضمون کو اداریہ کی بنیاد بناتے ہوئے ابرار رحمانی نے کچھ بنیادی سوال اٹھانے کی کوشش کی ہے۔

☆ کیا واقعی اردو افسانہ ترقی کے منازل طے کر رہا ہے؟ یا یہ آج بھی قیصر تمکین کے گنائے گئے ناموں عابد سہیل، جوگندر پال، جیلانی بانو اور اقبال متین تک آکر وہیں تھم گیا ہے۔۔۔۔

ابرار رحمانی آگے بجا طور پر یہ پوچھنے کا حق رکھتے ہیں کہ افسانوں کے ذخیرے میں اضافہ ہو رہا ہے۔ لیکن یہ اضافہ ہے یا انبار؟ آج بھی پریم چند، منٹو، بیدی، عصمت، کرشن چندر نا قابل عبور چٹان کی مانند ہمارے سامنے کھڑے ہیں۔

"پریم چند کے بعد بھی جدید افسانہ نگاروں کا ایک قافلہ نظر آتا ہے جو اردو افسانے میں بیش بہا اضافے کرتا ہے لیکن اس کے بعد بیسویں صدی کی چھٹی اور ساتویں دہائی میں اردو افسانہ چیستانی رجحان کا شکار ہو کر اپنے وجود اور بقاء کی جنگ لڑتا نظر آتا ہے۔ اس میں کوئی شک نہیں کہ جدوجہد میں اسے کامیابی ملتی ہے اور اردو افسانہ میں ایک بار پھر کہانی کی واپسی ہوتی ہے۔ لیکن اس کے باوجود یہ سوال اپنی جگہ کھڑا نظر آتا ہے کہ کیا اردو افسانہ یا فکشن اپنے دور اول اور دور دوم سے آگے کی جانب گامزن ہو سکا۔۔۔؟"

اب ایک نظر قیصر تمکین (مرحوم) کے مضمون پر ڈالتے ہیں۔

—نئے ادیبوں نے اپنے دوں کے مسائل کا جو حل پیش کیا۔ اس کے سلسلے میں شدت نے بڑھ کر انتہا پسندی کا روپ اختیار کر لیا۔ پھر افسانوی دنیا میں اس دور کے خاتمے کے لیے ایک عجیب جمود یا تعطل پیدا ہو گیا۔

یہاں دو باتیں خاص ہیں۔

ا۔ نئے ادیب اپنے دور کے مسائل کا عکس پیش کر رہے تھے۔

۲۔ اور ان کے بعد کی افسانوی فضا میں جمود یا تعطل پیدا ہو گیا تھا۔

تمکین بھی اس بات کو تسلیم کرتے تھے کہ یہ سب افسانہ نگار (اُس عہد کے) زندگی اور سماج کے اس جانے پہچانے رنگ و آہنگ کے ترجمان تھے جو مغرب میں موپاساں، چیخوف اور فلابیر کی تخلیقات کی شکل میں حیات جاوید حاصل کر چکا تھا۔ اس دور میں بلراج مین را، عبد اللہ حسین، جوگندر پال، رتن سنگھ جیسے نام سامنے آچکے تھے۔

قیصر تمکین آگے لکھتے ہیں —اکثر فنکاروں کے یہاں وجودیت کی پرچھائیں ملتی ہے۔ جو سارتر اور کامو کے ذریعہ ہمارے ادب میں چور دروازے سے آئی ہے۔

ظاہر ہے پریم چند کے بعد ادب میں چور دروازے سے ہی سہی، لیکن آنے والی تیز رفتار تبدیلیوں کے دروازے کھل گئے تھے—اور ان تبدیلیوں کو محسوس کرنے والے بھی تھے۔ مغرب کے چور دروازے سے کہانی ہماری زبان کا حصہ بن رہی تھی، لیکن اس کے لیے سماجی حقیقت نگاری کی زمین ہندستانی مسائل نے فراہم کی تھی—اور مشکل یہ تھی کہ نقاد ان کہانیوں کو مغرب کی کسوٹی پر ہی پرکھنے کی کوشش کر رہا تھا—

اب ایک اور بیان دیکھتے ہیں۔

ابھی حال میں میرٹھ یونیورسٹی کے چار روزہ ادبی فیسٹیول کے پہلے دن شمس الرحمن

فاروقی نے اعلان کیا—

۸۵ کے بعد افسانہ لکھا ہی نہیں گیا—

ابرار رحمانی کا سوال ہے کہ کیا اردو فکشن دور اوّل یا دور دوم سے آگے ترقی کر سکا ہے—؟

کم و بیش ان دونوں سوالوں کی نوعیت ایک ہی ہے۔ اور مجھے شدت سے اس بات کا احساس ہے کہ فکشن کے نقادوں نے ۸۰ء کے بعد کے افسانوں کو کبھی سنجیدگی سے پڑھنے کی ضرورت ہی محسوس نہیں کی—

اردو افسانے کی بات کیجئے تو عام نقاد پریم چند کے بعد کچھ ناموں پر آ کر ٹھہر جاتے ہیں — منٹو، کرشن چندر، بیدی، عصمت — آگے بڑھیے تو کچھ اور نام راستہ روک لیتے ہیں۔ احمد ندیم قاسمی، غلام عباس، قرۃ العین حیدر، ممتاز مفتی—کچھ اور آگے بڑھیے تو بلراج مین را، سریندر پرکاش، اقبال مجید، جوگندر پال، جیلانی بانو— قمر احسن، اکرام باگ، سلام بن رزاق، عبد الصمد، شوکت حیات، حسین الحق، شموئل احمد، صغیر رحمانی، خورشید اکرم، نسیم بن آسی، غضنفر، بیگ احساس، مشتاق احمد نوری، ذکیہ مشہدی، شفق۔

ممکن ہے ان میں کچھ لوگ ۸۰ سے پہلے آ چکے ہوں لیکن یہ لوگ ۸۰ کے بعد بھی فعال رہے—اور لگاتار اپنی کہانیوں کے ذریعہ سرخیوں میں بنے رہے—تو گویا ۸۰ کے بعد لکھا ہی نہیں گیا؟—

فاروقی کا معاملہ مختلف اور پیچیدہ ہے—اس لیے، فاروقی صاحب کی گفتگو کے آئینہ میں اردو کے اس افسانوی سفر پر ایک نظر ڈالتے ہیں —

☆ ادب کی خوبصورتی اور خوبی کا معیار ادب ہی کو ہونا چاہئے—

☆ تاثراتی تنقید لچر ہے۔

☆ بیدی نے عورت پر جو لکھا ہے، اس میں عورت کی امیج اسٹیریو ٹائپ ہے۔

بیدی صاحب کے تمام افسانوں میں (برے افسانوں میں، اچھے افسانوں میں، سب میں) جہاں وہ سنجیدگی سے نثر لکھنے پر آمادہ ہوتے ہیں۔ وہ فارسی آمیزی کا نہایت بھونڈا مظاہرہ کرتے ہیں۔

—بیدی کی زبان بہت ہی ان گڑھ ہے۔

—کھول دو منٹو کا نہایت لغو افسانہ ہے—تھرڈ گریڈ بلکہ فورتھ گریڈ۔

—(انٹرویو۔ شہزاد منظر)

فاروقی نہ پریم چند کو پسند کرتے ہیں، نہ منٹو بیدی، کرشن چندر، عصمت کو—ہر جگہ ان کی پسند کا معیار مختلف ہے۔ ادب میں سب سے پہلی قدر حسن اور جمالیاتی قدر ہوتی ہے—

در اصل ۸۰ کے بعد افسانہ نہیں لکھا گیا، یہ فقرہ گوگول کے اور کوٹ کی طرح فاروقی کے 'جدید ذہن' سے برامد ہوا ہے۔ اور شاید اسی لیے ادب میں نئے طوفان برپا کرنے کی غرض سے ۶۵۔۱۹۶۶ء میں شب خون رسالے کی پالیسی سامنے آگئی۔ جدیدیت کا فروغ—اور اس فروغ کے لیے، دو کالم کے ذریعہ فاروقی نے ادب پر ہلّہ بول دیا۔ مرضیات جنسی کی تشخیص—اور بھیانک افسانہ—اب افسانہ سماجی قدروں اور مسائل سے نظریں چرا کر مرضیات جنسی کی تشخیص میں پناہ لیتے ہوئے بھیانک ہو چکا تھا—یہ منٹو کی کہانیوں کی طرح چونکانے والا معاملہ تھا۔ اس میں اگر نیا کچھ تھا تو یہ، کہ فاروقی نے اس

عہد کے فنکاروں کو اس پس منظر میں جدیدیت کے سبز باغ دکھادیئے تھے۔

شاید اب افسانے کے نئے مزاج پر نئے تجزیے کی ضرورت ہے اور معافی کے ساتھ کہ پریم چند کے بعد جمود اور تعطل کی فضا جہاں قائم ہوئی، وہ وہی دور تھا، جہاں فاروقی نے ۱۹۶۶ء میں بہت سوجھ بوجھ اور اسٹریٹجی کے ساتھ شب خون کا اجراء کیا۔ جاگیر دارانہ نظام سے باہر نکل کر ایک ہونہار ذہین نوجوان کچھ نیا کرنا چاہتا تھا۔ وہ مغربی ادب کا مطالعہ کرتا ہے۔ پھر غالب کو پڑھتا ہے۔۔۔ داستانوں کو—وہ جانتا ہے، داستان سے غالب تک تفہیم و تنقید کے لیے اگر اس نے اپنے لیے نئے راستوں کا انتخاب نہیں کیا تو وہ بہت سے لوگوں کی طرح بھیڑ میں شامل ہو جائے گا—یہاں زبردست مطالعہ، اردو زبان و ادب کے ساتھ کھلواڑ کا مطالبہ کر رہا تھا—شاید اسی لیے نئے افسانوں کی تلاش کرتے ہوئے وہ بھیانک افسانوں کی سرنگ میں بھی اترتے چلے گئے—اور پھر افسانہ نگاروں کا ایک ایسا قافلہ سامنے آیا جو سچ مچ بھیانک کہانیوں (جدید، تجریدی) کے خالق بن گئے تھے—اور جب انہیں ہوش آیا تو ان میں سے کئی زندہ رہتے ہوئے بھی گمنامی کی گود میں چلے گئے— مثال کے لیے قمر احسن اور اکرام باگ—

—منٹو بیدی، کرشن، عصمت کے افسانے فاروقی کو زیادہ پسند نہیں۔ قرۃ العین حیدر گوارہ ہیں۔ تو کیا فاروقی کی پسند ۶۶ سے ۸۰ کے درمیان لکھنے والے رہے، جن میں کچھ کی شمعیں تو کب کی گل ہو گئیں جو جدیدیت سے دامن بچا نہیں سکے—اور جنہوں نے خود کو جدیدیت سے دور کر لیا۔ وہ آج بھی زندہ ہیں۔ اور شاید اسی لیے ۸۰ کے بعد بیانیہ کی واپسی کا اعلان کا بھی جدید اذہان کو ناگوار گزرا جبکہ یہ بہت سوجھ بوجھ کے ساتھ لیا جانے والا فیصلہ تھا۔ کہانی نئی فکر کے ساتھ واپس آئی تھی۔

میں زہر ہلاہل کو کبھی کہہ نہ سکا قند

اردو افسانے کے تاریخ کوئی بہت زیادہ پرانی نہیں —اس کو آسانی سے مختلف ادوار میں تقسیم کیا جاسکتا ہے۔ اردو افسانے کا آغاز— سن ۱۹۰۰ء سے لے کر ۱۹۳۶ء۔ ۱۹۳۶ء سے ۱۹۶۵ء—ترقی پسند تحریک ۱۹۶۶ء سے ۱۹۸۴—یعنی لگ بھگ ۱۸۔ ۲۰ سال کا عرصہ آپ ان جدید لہروں کے نام کر سکتے ہیں جب اردو افسانہ غیر تسلی بخش علائم اور استعاروں میں گم ہو گیا تھا۔ اس طرح ۸۰ سے ۹۰ تک کی دنیا کو آپ کنفیوژن یا جدیدیت سے باہر نکلنے کے محرکات اور عوامل سے وابستہ کر سکتے ہیں۔ ۲۰۔ ۱۸ برسوں کی اردو کی افسانوی فضا جارج آرویل کے ناول ۱۹۸۴ء سے کم بھیانک نہیں تھی۔ شاید اسی لیے کہانی کی واپسی کا شور اٹھا جسے 'ادب کا معیار ادب ہی ہونا چاہئے' جیسی آواز بلند کرنے والے آسانی سے ڈائجسٹ نہیں کر سکے—اور بلا شک و شبہ نئی فضا، نئی دنیا، نئے مسائل میں غوطہ لگانے والے افسانہ نگاروں نے ان تمام اختلافات کے باوجود پیچھے مڑ کر نہیں دیکھا اور لایعنی جدیدیت، الفاظ کی بے معنی تکرار، غیر منطقی رویوں سے الگ کھلی فضا میں سانس لیتے ہوئے اپنی تحریروں کے لیے نئے راستے منتخب کیے۔

دودھ کا دودھ اور پانی کا پانی— ممکن ہے ایک ادبی مضمون کے لیے یہ محاورہ کچھ زیادہ آپ کے گلے سے نیچے نہ اترے۔ لیکن شاید اب اس محاورے کی ادائیگی ضروری ہو گئی ہے۔ دودھ کا دودھ اور پانی کا پانی ہے کیا—مثال کے لیے جب کوئی یہ کہتا ہے کہ سن ۱۹۸۰ء یا ۱۹۸۵ء کے بعد کہانی نہیں لکھی گئی تو عام قارئین بھی ۲۰۔ ۳۰ برسوں کی کہانی کا موازنہ اردو افسانے کی پچھلی کہانیوں (کم و بیش ۷۵ سال کا عرصہ) سے کرنے لگتا ہے۔ اور یہاں نقاد چند موٹے موٹے نام گنواتے ہیں۔ جیسے پریم چند، منٹو، بیدی، عصمت، ممتاز مفتی یا پھر سریندر پرکاش، بلراج مینرا—یا پھر کچھ نقاد قرۃ العین حیدر کے نام کے آگے اور پیچھے اردو کے کسی بھی نام کو دیکھنا یا رکھنا مناسب نہیں سمجھتے۔ بلا شک و شبہ قرۃ العین

حیدر کی عظمت سے چنداں انکار نہیں مگر افسانہ صرف قرۃ العین حیدر تک آکر ٹھہر نہیں جاتا۔ مثال کے لیے آپ اپنی ایک فہرست بنایئے—اور ایسے مشہور افسانہ نگاروں کی کم از کم تین بڑی کہانیوں کے نام لکھ لیجئے۔

منٹو: (موتری، ٹوبہ ٹیک سنگھ، ٹھنڈا گوشت)، بیدی (لاجونتی، اپنے دکھ مجھے دے دو۔۔۔) یا جو کہانی بھی آپ کو پسند ہے اور اس کے بعد عصمت، کرشن چندر سے قرۃ العین حیدر تک۔

یعنی ایسے نام جہاں آکر ہمارا معصوم نقاد خاموش ہو جاتا ہے کہ بس یہی ہماری کہانیاں ہیں—اور ان کے بعد اردو کہانیاں سرے سے لکھی ہی نہیں گئیں—(خالد جاوید اور صدیق عالم کے لیے بھی یہ بری خبر ہے کہ جب ۸۵ء کے بعد کہانیاں لکھی ہی نہیں گئیں تو ظاہر ہے اس فہرست میں ان کا نام بھی شامل ہے)

اب یہی فہرست ۸۰ یا ۸۵ کے بعد افسانہ نگاروں کی ترتیب دیجئے—ساجد رشید (ریت گھڑی، پناہ، ایک چھوٹا سا جنم)، سلام بن رزاق (اندیشہ، شہر گریہ، استغراق)، اشرف (آدمی، ڈار سے بچھڑے۔ لکڑ بگھا سیریز) شوکت حیات (سورج مکھی، گنبد کے کبوتر، کوّا)، غضنفر (تانا بانا، سانڈ، سرسوتی اسنان)، مشتاق احمد نوری (لمبے قد والا بونا)، حسین الحق (سدھیشور بابو حاضر ہو جائیں اور کئی کہانیاں) سہیل وحید (پرستش برق کی، کچّی پونی)، صدیق عالم (الزورا) اس طرح صرف ہندستان کی ۸۵ء کے بعد کی فہرست بنائیں تو بیگ احساس سے طارق چھتاری، نسیم بن آسی، ترنم ریاض (ساحلوں کے اس طرف، اماں) یہ تنگ زمین)، رحمن عباس، معین الدین جینابڑے، خورشید اکرم، مشتاق احمد نوری، رضوان الحق تک آپ آسانی سے تین سے زائد ایسی کہانیاں نکال سکتے ہیں جن پر دنیا جہاں کے صفحے لکھے جا سکتے ہیں۔ یہ صرف نام نہیں ہیں میرے لیے—ان تمام،

کہانیوں کا تجزیہ کرنا میرے لیے آسان ہے۔ منٹو کی تمام کہانیاں پڑھ جایئے، ان میں کم و بیش ایک ہی طرح کا رنگ ہے — انتشار اور خوف سے جنمی کہانیاں جو اس وقت ملک کی تقدیر بن چکی تھیں۔ بیدی کی 'تہہ داری' پر جتنے صفحے سیاہ کیے گئے، یہ میرے لیے حیرت کا مقام ہے — ہاں بیدی نے کچھ اچھی کہانیاں ضرور دی ہیں، لیکن اسی سطح پر میری نسل کے بیشتر افسانہ نگاروں کی ایسی منتخب کہانیوں کا تجزیہ کیجئے تو یہاں زیادہ وسیع دنیا نئے اسلوب اور رنگ و آہنگ کے ساتھ آپ کا استقبال کرتی ہوئی ملیں گی — غضنفر کی حالیہ کہانی سرسوتی اسنان، الٰہ آباد سنگم کے بہانے آج کے اس المیہ کو رقم کرتی ہے جہاں دہشت کی فضا میں ہم زندگی سے دور ہوتے چلے گئے ہیں — استری پرش یا نسائی ادب کی بات آتی ہے تو ترنم ریاض ساحلوں سے اس طرف جیسا نا قابل فراموش افسانہ لکھ جاتی ہیں جہاں ایک بالکل نئ عورت ایک نئ تہذیب ہمارے سامنے ہے۔ ساجد رشید سے حسین الحق، شموئیل احمد، بیگ احساس تک کہانی ہر بار نئے سرے سے خود کو دریافت کر رہی ہے — احمد صغیر جب رات لکھتے ہیں تو یہ ساری دنیا ایک ایسے تاریک نظام کا حصہ لگتی ہے جہاں کچھ بھی باقی نہیں ہے سوائے جنگوں کے — شموئل احمد کی کہانیوں میں منٹو سے الگ کی ایک بے رحم دنیا آپ کو نئے تناظر میں دیکھنے کو ملے گی۔ میرا کہنا ہے کہ یہ تجزیے اگر اسی نوعیت کے اور اسی سنجیدگی سے کیے جائیں جہاں نقادوں نے منٹو کو منٹو اور بیدی کو بیدی بنایا تو کوئی عجب نہیں کہ یہاں بھی کہانیوں میں شاید اس سے کہیں بڑی دنیائیں اُنہیں نظر آجائیں، جسے فکشن کے نقادوں کے نہ دیکھنے کی قسم کھائی ہوئی ہے — (یہاں تذکرے صرف ہندستان کے شامل ہیں — ایسی ایک بڑی آبادی پاکستان میں بھی ہے جہاں حمید شاہد، مبین مرزا، آصف فرخی، طاہرہ اقبال اور اسد محمد خاں بھی ۸۵ء کے بعد نئے اسلوب اور نئے مزاج کی کہانیاں لکھ رہے ہیں۔ ناول کی بات کریں تو لہو کے پھول

(حیات اللہ انصاری)، خوشیوں کا باغ (انور سجاد)، درد کے پھول (فضل کریم فضلی)، صدیوں کی زنجیر (رضیہ فصیح احمد) سے لے کر انور سن رائے (چیخ)، اشرف شاد (بے وطن، وزیر اعظم، صدر اعلیٰ)، عاصم بٹ (دائرے)، ترنم ریاض (مورتی)، خالدہ حسین (کاغذی گھاٹ)، محمد علیم (میرے نالہ کی گمشدہ آواز)، غضنفر (پانی) شموئل (ندی)— ایک لمبا سفر ہے۔ کس کا نام نہیں لیجئے۔ اگر آپ اردو کے افسانوی سفر کو ادوار میں تقسیم کرتے ہیں تو ہر دور میں آپ کو بمشکل ۱۲۔۱۰ ہی بڑے نام ملیں گے۔ ۸۵ کے بعد کے اس سفر میں آپ کو ۱۲ سے کہیں زیادہ نام ملیں گے جن کے پاس اچھی اور بڑی کہانیوں کا اثاثہ موجود ہے۔ (ہاں مجھے اس بات کا یقین ضرور ہے کہ اگر چیخوف، موپاساں، او ہنری جیسے ادیب اردو میں ہوتے تو یہ لوگ کبھی فاروقی کی پسند نہیں بنتے۔ کیونکہ یہاں بھی کہانی کا عمل ادب کو ادب کی آنکھ سے دیکھنے والا عمل نہیں ہے۔ یہاں مضبوط بیانیہ ہے اور زندگی کے مسائل ہیں جس سے جدیدیت کا نعرہ بلند کرنے والے ہمیشہ آنکھیں چرانے کی کوشش کرتے رہے ہیں۔

اور آخر میں — ابھی حال میں Google پر انسائیکلوپیڈیا آف اردو لٹریچر کی ایک دلچسپ تفصیل دیکھنے کو ملی — اس تفصیل کو اردو کوئی ویب سائٹس اور بلاگرس نے بھی اپنے اپنے بلاگ اور سائٹس پر جگہ دی www.karnatakaurduaacademy ہے — اس میں پریم چند سے لے کر اب تک کے (سن ۲۰۰۹ء) ۲۵ ناموں کو صدی کے افسانہ نگار کے طور پر پیش کیا گیا۔ ان ناموں کو غور سے دیکھئے)

پریم چند، راجندر سنگھ، بیدی، منٹو، احمد ندیم قاسمی، اشفاق احمد، بانو قدسیہ، اوپندر ناتھ اشک، غلام عباس، ممتاز مفتی، مسعود مفتی، منشایاد، رشید امجد، حمید شاہد، قیصر تمکین، ساجد رشید، مشرف عالم ذوقی، خالد جاوید، آصف فرخی، مبین مرزا، اے خیام، طاہرہ

اقبال، محمد الیاس، نیلوفر اقبال، حامد سراج، بیگ احساس۔

اگر اس فہرست پر جائیے تو ۸۵ کے بعد ابھرنے والے ناموں کو دیکھنے کے لیے آپ کو کسی عینک کی ضرورت نہیں پڑے گی۔

۸۵ کے بعد کہانی نہیں لکھی گئی کا سیدھا جواب ہے کہ ۸۵ کے بعد اردو فکشن کے سنجیدہ اور ایماندار نقاد سامنے نہیں آئے۔

اب سنجیدگی اور دریا دلی سے ان کہانیوں پر مکالمہ شروع ہونا چاہئے۔

فرقہ واریت: کچھ شیڈس

"یہاں کچھ ایسا ہے، جو بیمار کر سکتا ہے تمہیں / یہ ایک برفیلا ملک ہے /
یہاں نہیں پڑتی ہیں سورج کی کرنیں / برف باری ہوتی ہے اور برف کے طوفاں آتے ہیں /
ہم چھپ جاتے ہیں / برف کے ٹھنڈے لبادے میں /
اچانک نہیں بلکہ سب کچھ / سہتے ہوئے اور ٹھٹھرتے ہوئے—ایک دن /
نہیں۔ یہ برف کی چٹان ابھی نہیں پگھلے گی / یہ تیرتی رہے گی پانی کی سطح پر /
اور دور سے آنے والی ناؤ یا جہاز کو / چکنا چور کرتی رہیں گی—یہ بے شمار برفیلی چٹانیں /
یہ ایک برفیلا ملک ہے / یہاں سورج کئی دنوں تک اوجھل رہتا ہے /
کافی کافی مہینے بعد دکھائی دیتی ہے زمین / برف پگھلنے پر /
لیکن اب کب پگھلے گی یہ برف؟ / کب اگیں گے یہاں لچین؟ /
سیل مچھلی۔ قطبی ریچھ اور رینڈیر / کے سہارے طے کرنا ہے—یہ برفیلا سفر /
کب پار کریں گے جبر الٹر یہاں کے اسکیمو / کب باہر نکلیں گے اپنے اگلو سے /
چلیں، آگے تیار ہو سکتی ہے سلیج / انہیں کتے یا رینڈیر کھینچیں گے /
بہت ممکن ہے۔ ضرورت پڑ جائے ہارپون کی
ہم چلیں گے / ہم جنگ لڑیں گے /

ہم جئیں گے / یا ہم باہر نکلیں گے اس برفیلے ملک سے /

ایک صدی گزر گئی۔ ایک نئی صدی کی شروعات ہوگئی — اور اس نئے ہزارہ یا نئی صدی کے دس سال گزر گئے — ان دس برسوں میں بہت حد تک اس فرقہ واریت کے معنٰی بھی بدل گئے۔ باہری ملکوں کے لیے مسلمان دہشت پسندی کا برانڈ بن چکا ہے۔ ابھی حال میں ایک مسلمان سائنسداں کو امریکہ جانے کے لیے صرف اس لیے ویزا نہیں ملا کہ وہ ایک مسلمان تھا۔ آسٹریلیا سے ستائے جانے والے نوجوان مسلمان ڈاکٹر نے خود پر ہونے والے مظالم کے خلاف مورچہ لے رکھا ہے — لادن پر فلمیں بن رہی ہیں۔ عراق کے بعد امریکہ ایران کو نشانہ بنا رہا ہے۔ پاکستان اور افغانستان امریکہ کے سامنے گھٹنے ٹیک چکے ہیں — فرقہ واریت کے نئے نئے شیڈس سامنے آرہے ہیں اور دوسری طرف ہمارا ملک ہے — اب یہاں بھاجپا نہیں ہے۔ کانگریس ہے — لیکن وہی بٹلہ ہاؤس، وہی گجرات کے فرضی انکاؤنٹرس — لبراہن کمیشن بابری مسجد کے تمام ملزموں کو باعزت بری کرنے کا فتویٰ سناتی ہے۔ اور اس بات کا شدت سے احساس ہوتا ہے کہ فرقہ واریت نئے لباس، نئے معنوں میں اس گلوبل گاؤں میں ہر لمحہ نئے رنگ میں سامنے آرہی ہے —

تہذیب نے جب بھی اپنی کتاب میں ترقی کے باب کا اضافہ کیا ہے، جنگوں کا جنم ہوا ہے۔ یہ کوئی نئی بات نہیں ہے۔ ملک ہندوستان اسی سلسلے کی ایک کڑی ہے۔ ملکی غلامی سے نجات نے جن "چیتھڑوں" کو جنم دیا، وہ فرقہ واریت کے لہو سے رنگے ہوئے تھے۔ حالانکہ اسے، اس نظریے سے بھی دیکھنا چاہئے کہ آپسی نفاق صرف انگریزوں کی "پھوٹ ڈالو اور حکومت کرو" کی پالیسی ہی نہیں تھی بلکہ ہماری اپنے ذہنوں کی گندگی بھی

تھی۔ یہ حقیقت ہے کہ فرقہ واریت کے زہر کو جب جب ٹٹولنے کی بات چلتی ہے تو اسے سیدھے انگریزی سیاست سے منسوب کر دیا جاتا ہے اور اپنا دامن بچانے کی کوشش کی جاتی ہے۔

مگر یہ پوری حقیقت نہیں ہے۔ قصوروار کہیں ہم بھی رہے ہوں گے—اور یہ جو اپنی پرانی تہذیب سے ورثے میں ملا ہوا دماغ رہا ہے—جس میں برسوں سے یہ بات بٹھائی جا رہی ہے۔۔۔ اتنی ساری ندیاں — اتنے سارے پہاڑ—اتنے سارے رنگ— نسل اور الگ الگ دیشوں سے آئے ہوئے چیتھڑے۔۔۔ یہ جو ایک دیش کو "سیکولر" بنانے کے پیچھے ہر بار جبراً "پیوندوں" کی بیساکھیوں کا سہارا لیا جاتا ہے—آپ مانیں یا نہ مانیں انہوں نے بھی ذہن و دماغ کے بٹوارے کو جنم دیا ہے۔ دراصل ٹکڑے آریہ ورت کے نہیں ہوئے— ٹکڑے ہوئے دماغ کے۔۔۔ اور ان ہی سے پھوٹی ایک کوڑھ نما تہذیب۔۔۔ ان سے ہی پیدا ہوا ہے فرقہ واریت کا پاگل پن اور جنون—

بر فیلا ملک—آزادی کے ۶۲ سال بعد کا یہ بھارت — ۶۲ سال—

ایک صدی گم ہو گئی۔ ہم نے ایک نئی صدی میں قدم رکھا—لیکن بیسویں صدی میں فرقہ واریت کی جن خوفناک آندھیوں سے ہمارا سابقہ یا واسطہ پڑا تھا، ان کا جائزہ لینا یہاں مقصود ہے—

آریہ ورت کتنے ٹکڑوں میں تقسیم ہوا؟ تقسیم کی کتنی آندھیاں چلیں؟ اس ملک میں کیسے کیسے موڑ آئے—سات تقسیم—تاریخ کے سات سیاہ اوراق— کبھی یہاں سیاہ رنگ کی ایک قوم رہتی تھی—آریہ آئے—ہزاروں کی تعداد میں—پہلے پنجاب پر قبضہ کیا پھر اتر پردیش پر—ملک پہلی بار گورے اور کالوں میں تقسیم ہوا۔۔ تو شروع ہو گیا تقسیم کا

سلسلہ ۔۔۔ چکر چل پڑا بٹوارے کا۔ شمالی ہند میں سفید فام آریہ اور جنوب میں سیاہ فام دراوڑ۔ صدیوں تک سکون سے رہنے کے بعد آریوں میں پھوٹ پڑ گئی۔ مختصراً تاریخ پر اگر غور کیا جائے تو تقسیم کا دوسرا دور شروع ہو گیا تھا۔ پھر سکندر آیا۔ جاتے جاتے سیلیوکس کو اپنی سلطنت کا وائسرائے بنا گیا۔ چانکیہ اس زمانے میں گپت خاندان کا وزیر اعظم تھا۔ جنگ ہوئی اور یونانی فوج ہار گئی — یہ ملک کے تیسری بار تقسیم ہونے کا حادثہ تھا۔ بعد کی تاریخ بھی کافی طویل ہے۔ ملک کئی حصوں میں تقسیم ہو چکا تھا — محمد بن قاسم کی عرب فوجیں سندھ میں ڈیرہ ڈال رہی تھیں۔ پھر پنجاب اور سندھ پر قبضہ ہوا۔ ترک آئے، پٹھان آئے، مغل آئے — جہانگیر نے فرنگیوں کو تجارت کا راستہ دکھایا۔۔۔ اورنگ زیب کے مرتے ہی سلطنت کمزور پڑنے لگی۔۔۔ پھر پورے ملک پر انگریزوں کا قبضہ ہو گیا۔ یہ ملک کی چوتھی تقسیم تھی — ۱۹۳۵ء میں انگریزوں نے لنکا اور برما کو ہندستان سے الگ کر دیا۔ یہ تقسیم کا پانچواں دور تھا — چھٹا دور سیاست کا وہ سیاہ ورق تھا جب ملک ۱۴/ اگست ۱۹۴۷ء کو دو حصوں میں تقسیم ہو گیا — پاکستان اور بھارت۔۔۔ دو ملک نہیں بلکہ دو دلوں کو تقسیم کر دیا گیا — ۳/ دسمبر ۱۹۷۱ء کو بھارت پاک جنگ شروع ہوئی اور ایک الگ آزاد ملک بنگلہ دیش بنا۔۔۔

یہ آریہ ورت کی ساتویں تقسیم تھی۔۔۔ تقسیم کے سات دروازے — ہر دروازے کے اندر ایک آریہ ورت کراہ رہا ہے۔ کراہنے کی آواز تیز ہے — مگر شاید اب لفظ کے اندر سے کوئی چیخ جنم نہیں لیتی۔ ملک خود مختاری کی ۶۲ ویں سالگرہ منا رہا ہے مگر خواہشات پر جیسے برف کی سلیاں رکھ دی گئی ہے —

حقیقت میں — جیسے اب یہ وہ ملک نہیں رہ گیا ہو — ٹھنڈا ملک، بن گیا ہو — انسان

ہونے کی آرزو، تمناؤں اور جذبات پر جیسے برف گر پڑی ہو۔ ۶۲ برس۔۔۔ ۶۲ برسوں میں ہم نے ترقی کے زینے کم چڑھے اپنوں کا خون زیادہ بہایا۔ اگر فرقہ واریت کا جنم ہوا ہے تو یہ کوئی تعجب کی بات نہیں کی — صدیوں سے وراثت میں ملی، بٹوارے کی تہذیب سے اگر فرقہ واریت کا جنم نہ ہوتا، تب یہ تعجب کی بات ہوتی۔

آزاد کشمیر، اتر کھنڈ، جھاڑ کھنڈ اور حوالوں اور گھوٹالوں کا ایک لمبا سلسلہ — ان میں کون ملوث نہیں ہے۔ کہنا چاہیے، جہاں اور جس سطح پر جس کو موقع ملا ہے — وہیں وہ بھیگ جاتا ہے، اس گندی بارش میں — ادب اور صحافت تک ہم جیسے چھوٹی بڑی بے شمار برفیلی چٹانوں سے گھر گئے ہیں — سرد ہو گئے ہیں۔ بے حس — حیوان اور بے بس۔ اس ملک کا سب سے بڑا ہیرو مذہب ہے اور مذہب کے نام پر سب کچھ چلتا رہتا ہے۔

ایک برفیلا ملک — چھوٹی بڑی برف کی سلیوں میں گھرے ہوئے ہم۔۔۔ کہیں دھند میں کسی سلیج یا رینڈیر کو آنکھیں تکتی ہیں جو دھند میں راستہ بنا سکے اور ہم باہر نکال سکیں اس ٹنڈرا پردیش سے —

تاریخ گواہ ہے
گواہ ہے، اپنے اپنے عہد کی،
پتھروں پر لکھی گئی 'اچھوت 'شاعری کا ایک ایک دستاویز،
ان میں غیر انسانی نقوش بھی ہیں
کچھ نشانیاں ہیں۔۔۔ مدھم ہوتی ہوئی
اور ایک برف کی سلّی
جسے اٹھاتے ہوئے گھوم رہے ہیں ہم سب۔۔۔

مشہور زمانہ مفکر ٹامس پیٹر نے کہا— آزادی کی لڑائی میں جتنا ہاتھ ملک پر جان نثار کرنے والے سپاہیوں کا رہا اتنا ہی الفاظ کا— یہ ممکن ہی نہیں ہے کہ تحریک آزادی کا ذکر ہو اور اس زمانے کی شعلہ انگیز شاعری، کہانیوں اور مضامین کی یاد نہ آئے۔ برٹش حکومت الفاظ اور الفاظ کی طاقت کو پہچانتی تھی۔ کتنی ہی کتابیں ضبط کرلی گئیں۔ کتنے ہی لہو الفاظ پر پابندی لگادی گئی مگر الفاظ نعرہ زن ہوتے رہے۔

اور لکھی جاتی رہی۔ آزادی کی تاریخ انتہائی خاموشی سے۔۔۔

تنقید نگار، فلسفی اور ناول نگار جیاں پال سارتر نے بھی کہا تھا— "الفاظ کی اہمیت اس بات میں ہے کہ وہ دوسروں تک کیسے پہنچتا ہے۔ الفاظ میں طاقت ہے۔ الفاظ انقلابی خیالات کو جنم دیتے ہیں۔ تاریخ گواہ ہے کہ دنیا میں ہوئے بہت سے انقلاب کی وجہ یہی الفاظ بنے ہیں۔"

الفاظ پھول جیسے نازک اور ترنم آمیز بھی ہوتے ہیں اور ایک وقت آتا ہے جب یہی الفاظ ترشول، ہتھیار اور سنگینوں سے بھی زیادہ خطرناک ہوتے ہیں اور جب وقت آتا ہے تو خود یہی الفاظ انقلاب بن جاتے ہیں۔

غلامی کے عہد کی تاریخ دو سو سال سے بھی زیادہ کی رہی ہے۔ انگریز حالانکہ بھارت میں تجارت کرنے کے لیے آئے تھے مگر ان کا ارادہ تھا— سونے کی چڑیا کہلانے والے اس ملک پر قبضہ جمانا۔ وہ کمزور ہوتی ہوئی مغلیہ سلطنت کا باریکی سے جائزہ لے رہے تھے۔ وجہ صاف تھی۔ یہاں کے باشندوں میں وہی تقسیم کرنے والی تہذیب کے جراثیم موجود تھے۔ آپسی رنجش، بھید بھاؤ اور تفریق۔ انگریز اسی کا فائدہ اٹھا رہے تھے۔ ایسا نہیں ہے

کہ ہندوستانی انگریزوں کی نیت سے واقف نہیں تھے بلکہ ان کے پاس اس کا کوئی کارگر مداوا بھی نہیں تھا۔ اس وقت بنگال کے نواب علی وردی خاں نے اپنے ولی عہد سراج الدولہ سے کہا تھا۔

"یہ انگریز بڑے چالاک ہیں۔ ان سے ہوشیار رہنا۔ ایک دن آئے گا جب یہ یہاں راج کریں گے۔"

یہ پیشن گوئی سچ ثابت ہوئی— 1757 میں پلاسی کے میدان میں سراج الدولہ کو ہرا کر انگریزوں نے بنگال میں اپنے پاؤں پھیلا لیے۔ آہستہ آہستہ وہ سارے بھارت میں پھیلتے چلے گئے۔ ۲۰۰ برسوں کی ذہنی اور جسمانی غلامی کے بعد آزادی کا سورج نکلا بھی تو کیسا؟ ظلم کے اندھیروں سے راحت بھی ملی بھی تو کیسی؟

فیض احمد فیض کو کہنا پڑا—

"کہ انتظار تھا جس کا یہ وہ سحر تو نہیں۔"

بدلتا منظر

"شعیب کی آواز لڑکھڑانے لگی—ہاں ہمارا المیہ یہی ہے کہ ہم ایک ساتھ رہنا چاہتے ہیں۔ ایک ساتھ۔ ایک آسمان۔ ایک چھت کے نیچے۔ مگر اس حادثہ کے بعد سے ہم دونوں میں سے کوئی نہیں سو سکا۔ پتہ نہیں کب کس کی آنکھ لگ جائے اور دوسرا چھرا چلا دے۔ آج چار دن ہو گئے ہیں۔ اسی کش مکش میں ہم دونوں میں کوئی نہیں سو پا رہا ہے—ہم دونوں باتیں تو کر لیتے ہیں مگر ایک دوسرے سے ڈرے ڈرے رہتے ہیں۔ کیا پتہ کب ایک کو نیند آجائے اور دوسرا چھرا گھونپ دے۔۔۔؟"ناول "مسلمان" سے

در اصل سچ پوچھئے تو یہ المیہ یہیں سے پیدا ہوتا ہے۔ آزادی کے بعد کا یہ کیسا منظر نامہ ہے۔ ہمارا اور ہمارے ملک کا یہی المیہ ہے کہ ہم ایک ساتھ رہنا تو چاہتے ہیں مگر سیاست اور مذہبی سیاست بار بار ایسے رشتوں پر سوالیہ نشان لگاتی رہی ہے۔ کبھی کوئی بخاری یا شہاب الدین سامنے آ جاتا ہے تو کبھی ایڈوانی کے رتھ پورے بھارت میں ہنہنا اٹھتے ہیں۔ مذہب کو جس طرح سے اس آزاد ملک میں سیاسی رنگ دیا جا رہا ہے وہ نہیں رکنے والا—اس سے صرف ایک اچھی بات ہوئی ہے۔—ہم ایسے لوگوں کو پہچاننے لگے ہیں۔ غلط کو غلط کہنے کے بے باک رد عمل کا ابھی انتظار ہے۔

بہر کیف کچھ بدلا ہے۔ کچھ بدل رہا ہے۔ نئی نسل، یہ جینس کلچر—دھوتی لنگی کلچر والوں سے زیادہ سیکولر ہے۔ اسے نہ بابری مسجد سے مطلب ہے نہ رام لہر سے۔ اسے وسیم اکرم بھی اچھے لگتے ہیں اور تندولکر بھی—ہاں آنے والے برسوں میں تو نہیں، بیس ایک برسوں میں فیض کی "صبح" کا خواب ضرور پورا ہو سکتا ہے۔ کسی کرشمہ یا معجزہ نہیں بلکہ اپنے ہی خونی چہروں، گندی سیاست کو پوری طرح سے محسوس کرنے کے بعد—

"وہ صبح کبھی تو آئے گی۔۔۔"

وہ صبح کبھی تو آئے گی۔۔۔

ایک رخ یہ بھی ہے

منٹو کی ایک چھوٹی سی کہانی ہے۔ "مسٹیک"—قاتل مردہ شخص کی پتلون اتارتے ہیں اور ایک کی چیخ گونجتی ہے۔

مسٹیک ہو گیا!

مگر مسٹیک کہاں ہوا—ایک نظام بدلا—دوسرا نظام آ گیا—منظر ذرا سا بدلا ہے—

"چودھری برکت حسین آنکھوں میں جگہ گھیرتے ہیں۔ اب تم بھی خطرے میں ہو

بالمکند شرما جوش؟"

"کیوں؟"

"تمہارے نام کے ساتھ جوش لگا ہے۔ آدھے مسلمان وہ ہنسنا چاہتے ہیں۔

میاں! ایسا ہوا تو ازار بند کھول کر۔۔۔

"کھولیں گے تب بھی فرق نہیں پڑے گا انہیں۔" برکت حسین کی آنکھوں میں نمی لہراتی ہے—کیونکہ اب ہمارے بعد تم ہو—تم جیسے سیکولر سوچنے والے—اب وہ چن چن کر تمہیں ختم کر دیں گے۔ تم جہاں کہیں بھی ہو گے تمہیں تلاش کریں گے اور ختم کر دیں گے۔-ناول 'بیان' سے

سیکولر سوچ سامنے تو آ رہی ہے مگر اس طرح سے نہیں، جس طرح سے آنی چاہئے۔ جب مذہب کا کوئی دقیق مسئلہ سامنے آتا ہے تو ادیب کے اندر کا مذہبی انسان بھی پریشان ہو اٹھتا ہے۔ نہیں؟ ہم ایک لمحہ میں ہندو اور مسلمان بن جاتے ہیں—کہانیوں کی سطح پر بھی یہ اندر کا آدمی سامنے آجاتا ہے۔ نہیں—اسے نہیں آنا چاہئے—مگر یہی نہیں ہوتا۔ اندر باہر کی جنگ چلتی رہتی ہے۔ باہر کی میز پر بیٹھا ہوا چار لوگوں سے گھرا ہوا آدمی وہ نہیں ہوتا۔ جو گھر کی دہلیز پر قدم رکھنے کے بعد ہوتا ہے۔ اپنے گھر میں اپنے بچوں میں۔

لگتا ہے مذہب کی تعریف کو ہم نے کبھی بہت سنجیدگی سے نہیں لیا۔

ہم بڑی بڑی باتیں کرنے کے درمیان ایک کُند چھری سے اسے حلال کر کے آگے بڑھ جاتے ہیں — مگر در حقیقت دیکھا جائے تو مذہبی تعصبات کا پرندہ اندر بیٹھا ہوتا ہے—پاؤں پسارے اور یہ مذہب وہ نہیں ہوتا جو برابری اور مساوات کے سبق سارے عالم کو پڑھا رہا ہوتا ہے۔ فرقہ واریت نے جس مذہب کو جنم دیا ہے، وہ تنگ نظر بھی ہے اور اس کا دائرہ بھی محدود ہے۔ سچائی یہ ہے کہ اب مذہب کی نئی تعریف بھی ڈھونڈھنی ہو

گی۔

تقسیم: مصنف کی حدیں

"یار امان اللہ، طوطا کہاں گیا؟"

"اڑ گیا!"

"کیسے ؟"

"کھڑکی کھلی رہ گئی۔ اڑ گیا۔"

"کوئی دوسرا طوطا مٹھو کی جگہ نہیں لے سکتا۔"

"نہیں یار۔"

"کیوں ؟"

"میں نے بتایا نا۔ قریب والے امرود کے پیڑ پر طوطوں کی ڈاریں بہت اترتی ہیں۔ کیا پتا کس دن ڈار کے ساتھ وہ بھی چلا آئے۔ پنجرے کو دیکھے تو شاید اسے اپنا چھوڑا ہوا گھر یاد آجائے۔"

-'خالی پنجرہ' (انتظار حسین)

پتہ نہیں امرود کے پیڑ پر طوطوں کی ڈاریں اب آتی بھی ہیں یا نہیں مگر اس پنجرے کی یاد باقی رہ جاتی ہے۔ بٹوارہ ایک دردناک حادثہ تھا۔ آزادی کے بعد کے، ۶۲ برسوں میں سرخ حاشیہ سے گزرنے والی زیادہ تر کہانیاں بٹوارے کی کوکھ سے ہی جنمی تھی۔

یہ درد پاکستانی مصنفوں کا بھی درد بنا، جو اپنا پنجرا۔ اپنا نشیمن اجاڑ کر یا چھوڑ کر پاکستان جا بسے۔ پھر لوٹ کر نہیں آئے۔ یا نہیں آسکے۔ مگر یہاں کی یادیں انہیں خون کے آنسو رلاتی رہیں۔

"کیا پتہ کسی دن ڈار کے ساتھ وہ بھی چلا آئے۔ پنجرے کو دیکھ کر شاید اپنا چھوڑا ہوا گھر یاد آجائے۔"

تقسیم کی ان خاموش کراہوں کو انتظار حسین کے اس افسانے میں بہ آسانی دیکھا جا سکتا ہے۔ لیکن ایسا نہیں ہے کہ ہندوستان کے کہانی کاروں میں، خاص کر آزادی کے بعد آنکھیں کھولنے والے کہانی کاروں میں اس جذبہ کا فقدان رہا ہو۔ تقسیم سب کے لیے ناسور رہا ہے—خاص طور سے نئی نسل اور نئے کہانی کاروں نے جس مضبوطی کے ساتھ اسے نامنظور کیا ہے، یہ اپنے آپ میں ایک مثال ہے۔

فسادات کا مرکزی رول

اردو افسانوں میں فسادات کو مرکزی حیثیت حاصل رہی ہے جہاں تک میرا خیال ہے فسادات پر جتنی کہانیاں اردو میں لکھی گئی ہیں کسی دوسری زبان میں نہیں۔ آپ چاہے اس کی کچھ بھی وجہ تلاش کریں لیکن اس کی ایک وجہ عدم تحفظ کے احساس سے بھی گزرتی ہے۔ یہ احساس جب بھی جیسے بھی، جن جن وجوہات سے بیدار ہوا ہے اس زبان کے مصنفوں نے کہانیوں کا انبار لگا دیا ہے۔

یہ سچ ہے کہ تقسیم کے وقت—فسادات پر اردو میں جو کہانیاں لکھی گئیں، اُن میں زیادہ تر کہانیاں شاہکار کا درجہ رکھتی ہیں—واضح طور پر آج کے دور کا صحیح عکس ملتا ہے۔ وہ بے رحم سچائیاں۔ احساس کے گوشت میں چبھنے والی کسک۔ سیاست کے ناپاک اشارے پر تقسیم ہوئی آنکھوں کے ناسور۔ رتھ یاترا کلچر، اور دوغلے پن کا مزاج—کل ملا کر حالات کا جائزہ لیں تو فسادات جیسے اب ملک کا مستقل موسم بن چکا ہے۔

ہیمنگوے نے کہا تھا۔—اس کے نزدیک جنگ سے بڑا کوئی غور طلب مسئلہ نہیں۔ سب سے زیادہ دلچسپ موضوع جنگ ہے۔ یہ حقیقت ہے کہ جنگ کے موضوع پر غیر ملکی زبانوں میں کئی کئی شاہکاروں نے جنم لیا ہے۔ مگر یہاں، یہی بات ہم اردو میں ان افسانوں کے تعلق سے کہہ سکتے ہیں—

بدلتا منظر نامہ

وقت بدلا۔ بدلتے ہوئے وقت کا عکس اردو کہانیوں میں بھی نظر آیا۔ مگر بدلتے وقت کے ساتھ یہ اردو کہانیاں اپنی زمین سے نہ جڑ سکیں۔ زمین کے مسئلوں سے نہ جڑ سکیں—زیادہ تر نئے اردو کے لکھنے والے ہندی میں چلے گئے—

کچھ برس قبل مجھے ایک دلچسپ خط ملا۔ کہانی کار زیب اختر کا—اس نے اردو میں نہ لکھنے کی یہ وجہ بتائی:

"اردو کو میں نظر انداز نہیں کرتا۔ مگر ان کا مزاج میری سمجھ سے باہر ہے۔ ان کو رومانیت چاہئے۔ چاہے وہ الفاظ کی کیوں نہ ہو۔ موضوع کی ہو یا ٹریٹمنٹ کی۔ ایک خاص دائرہ ہے۔ بس یہیں تک محدود ہے اردو ادب۔ ان کے ادب کو ایک عام آدمی سے کچھ بھی لینا دینا نہیں ہے۔ یہ بڑے صاف ستھرے لوگ ہیں۔ نماز پڑھتے ہیں۔ شراب پیتے ہیں اور تسلیمہ نسرین کو گالیاں دیتے ہیں۔"

اسے محض ایک اردو تخلیق کار کی جھلاہٹ نہیں کہا جا سکتا—اردو کہانیاں ابھی بھی سمٹی اور سکڑی ہوئی ہیں۔ اس کا اندازہ اس بات سے بھی لگایا جا سکتا ہے کہ زیادہ تر اردو کہانیاں مسلم معاشرے اور مسلم کردار سے آگے نہیں بڑھی ہیں—اس لیے زیب اختر

جیسے سمجھدار ادیب اس ٹوپی تہذیب سے منکر ہوتے ہوئے، فرار حاصل کر جاتے ہیں۔ ایک مثال اور بھی ہے جیسے بریلی شہر کی ایک مسلم خاتون قاری نے مجھے ایک خط میں لکھا تھا۔

"آپ ہندوؤں کو لے کر افسانے کیوں لکھتے ہیں؟ مسلمانوں کو لے کیوں نہیں؟"

مجھے لگتا ہے آزادی کے آس پاس جو کہانیاں لکھی گئیں وہ بہت پر زور تھیں — آج پہلے کی بہ نسبت ہم لوگوں میں مذہبی تنگ نظری زیادہ آگئی ہے۔ ہم ایک خاص دائرے میں بندھ گئے ہیں۔ بس اس سے آگے نہیں۔ جیسے بابری مسجد کو لے کر اردو میں کافی کچھ لکھا گیا۔ فسادات اور مذہبی دنگوں پر بہت کچھ لکھا گیا۔ کہنے کا مطلب یہ ہے کہ اردو مصنف ایسے موقعوں پر مجھے زیادہ بیدار نظر آتے ہیں۔ ایسے موقعوں پر وہ زیادہ اپنی زمین سے جڑے ہوئے دکھائی دیتے ہیں۔ اب ان پہلوؤں پر یوں غور کرتے ہیں:

۱۔ تقسیم ہند کے دوران جو کہانیاں لکھی گئیں، کیا ان میں مذہبی تنگ نظری شامل نہیں تھی؟

۲۔ ہمارے یہاں مذہبی تنگ نظری کیا بابری مسجد اور گودھرا کے بعد ابھری ہے؟

۳۔ اردو مصنف، زمین سے مطلب، کیا محض اپنے مسائل سے لیتے ہیں؟

دیکھا جائے تو یہ بہت الجھے ہوئے سوالات ہیں اور یہ سوالات ایسے ہیں جن پر کم و بیش ایک ساتھ اتفاق کرنا یا انکار کرنے کی گنجائش بھی کم نظر آتی ہے۔ تقسیم ہند کے دوران لکھی جانے والی کہانیوں میں مذہبی تنگ نظری ضرورت سے زیادہ تھی — آپ مشہور ہندی افسانہ نگار بھیشم ساہنی کے بھائی اداکار بلراج ساہنی کا "پاکستان کا سفر نامہ" پڑھ لیجئے — کرشن چندر کی پشاور ایکسپریس، اور اس طرح کی بہت ساری کہانیاں ہیں، جن

کو پڑھتے ہوئے ایک خاص طرح کا تعصب آپ کو صاف صاف نظر آجائے گا۔ کم و بیش یہی بات مسلم رائٹر کے ساتھ بھی تھی — وہاں ہندوؤں کے لیے تحریر میں ایک ظالمانہ تعصب برتا گیا — کیوں؟ وجہ بہت معمولی قسم کی سائیکی ہے —

(۱) جن کی آنکھوں کے سامنے ان کے رشتہ دار، عزیز مارے گئے تھے اور جنہوں نے نفرت کے ننگے کھیل کو اپنی آنکھوں سے دیکھا تھا، ان کا بد دل ہونا یا نفرت محسوس کرنا کوئی بڑی بات نہیں سمجھی جائے گی۔

(۲) ان ادیبوں نے وہی کیا — کہانی میں ایماندار بنتے بنتے بھی وہ رنگ غالب آگیا — یعنی جو کچھ اپنی آنکھوں سے دیکھا تھا۔ مثال کے لیے پشاور ایکس پریس۔

(۳) جو بہت ایماندار بنے۔ مثال کے لیے راما نند ساگر — "اور انسان مر گیا — " اپنی تحریر کو سیکولر رکھنے والا یہ آدمی آخری دنوں میں 'مذہبی' بن گیا — رامائن سیریل کی تعمیر کے دوران یہ ہندو سنستھاؤں کے لیے کام بھی کرنے لگا —

یہ میرا نظریہ ہے کہ تقسیم ہند کے بعد ہم آہستہ آہستہ پرانے زخموں کو بھولنے کی کوشش کرتے رہے — اور ایک حد تک ہم اس کوشش میں کامیاب بھی ہوئے — بابری مسجد سانحہ سے قبل تک ہماری تحریروں میں کبھی مسلم رنگ غالب نہ تھا — لیکن اگر یہ رنگ دوبارہ واپس آیا ہے اور وہ بھی صرف مسلم رائٹر کے حصے میں تو یہ افسوس کا نہیں، سوچنے کا مقام ہے — کیونکہ یہ رائٹر اسی بیس سے پچیس کروڑ کی آبادی کا ذمہ دار فرد ہے، جسے اتنی بڑی آبادی کی حصہ داری کے باوجود اقلیت کے نام سے پکارا جاتا ہے — اگر یہ اقلیتی مصنف صرف اپنے موضوعات کا انتخاب کرتا ہے تو یہ ایک تکلیف دہ بات یوں ہے کہ اس میں ایک پورے قوم کی بے بسی اور لاچاری شامل ہے — یعنی آزادی کے ۶۲ برسوں میں آپ نے اتنی بڑی آبادی کو اقلیت بنا دیا — آپ نے اس ایک قوم کو اتنے

سارے مسائل دے دیئے کہ وہ دوسرے، زمین سے وابستہمسائل، پر لکھنا بھول گیا— حسین الحق اور ذوقی کی زیادہ تر کہانیوں اور ناولوں میں —اشرف کی سہمے ہوئے "آدمی" میں — غضنفر کی کہانی ختنہ میں — طارق چھتاری، پیغام آفاقی، سلام بن رزاق تک کی کہانیوں میں بار بار یہ سہما ہوا مسلمان نظر آہی جاتا ہے—

پچپلی زمین کا ادب

ہمیں یہ بھولنا نہیں چاہئے کہ ہماری تہذیب کی زمین پچپلی اور نرم ہے۔ ہم چاہے انکار کرنے کی ہمت کرتے ہوں سیمیناروں میں۔ سبھاؤں میں، ادبی نشستوں میں، جن وادی دوستوں میں — مگر ایک سچ ان سے الگ یہ بھی تھا کہ ہمارے اندر ہر دم، ہمیشہ سے اک سویا ہوا مذہب بھی موجود تھا۔ جسے ہم حقیقت میں دوستوں کے بیچ نہ ماننے کی قسمیں بھی کھایا کرتے تھے۔ مگر منڈی ہاؤس، باہری گلیاروں سے ہو کر اپنے گھر کے دروازے تک پہنچتے پہنچتے ہم ہندو بن جاتے تھے۔ مسلمان بن جاتے تھے۔ کبھی رسم و رواج، پرب تیوہار کے گلیمر ہمارے اندر کے مذہبی آدمی کو زندہ کرتے تھے۔ کبھی ایران عراق یا اجودھیا کے حادثات —ہماری غلطی یہ تھی کہ ہم ایک نام نہاد عقیدے کے لیے جینے کا ناٹک کر رہے تھے۔

سچ صرف اتنا نہیں ہے کہ ایک ڈھانچہ گر گیا۔ آپسی اتحاد کے نام پر ایک سوالیہ نشان لگ گیا۔ اسے صرف ایک حادثہ کہنا مناسب نہیں ہے۔۔ سیدھے کہا جائے تو بابری مسجد کا انہدام ایک فرقہ کی فتح اور دوسرے فرقہ کی شکست سے جڑا ہوا مسئلہ بن گیا تھا۔ پھر جلتے ہوئے گودھرہ نے اب تک نفرت کی اس آگ کو بجھنے نہیں دیا ہے—

اگر یہ سچ ہے تو ہم ایک خطرناک انجام کی جانب بڑھ رہے ہیں۔ ان حادثوں سے

اگر تشدد کو تحریک ملتی ہے۔ تو پھر اس پورے ملک کا کیا ہوگا؟

ایک پوری صدی گاتی، بجاتی ہمارے درمیان سے رخصت ہو گئی — ہزار برسوں کا سفر ختم ہوا — نئے ہزار برسوں کا سفر شروع ہوا — پچھلے ہزار برسوں کی تاریخ کا سب سے بدنما دن، چھ دسمبر تھا — آزادی کے ۶۲ برسوں میں تقسیم کے بعد دو اہم پڑاؤ چھ دسمبر اور گودھرہ کی شکل میں سامنے آچکے ہیں۔ نئی الفی کے ہر دن کو ان بدنما تاریخوں سے گزرنا پڑے گا — آنے والے ہزار برسوں کے سفر میں بھی یہ تاریخیں کلیدی حیثیت رکھیں گی اور ظاہر ہے اس کا اثر ہمارے ادب پر بھی پڑے گا — خاص کر اردو ادب پر — ہمارا اب کا ادب، اس عظیم سانحہ کو نظر انداز کر کے نہیں لکھا جا سکتا —

☆☆

کچھ باتیں نئی کہانی کے حوالے سے

کچھ لوگ کہتے ہیں کہ یہ کہانیوں کا دور ہے، کچھ کہتے ہیں کہانیاں گم ہو گئی ہیں جو اسے کہانیوں کا دور مانتے ہیں وہ سبھی سمجھتے ہیں کہ آج اچھی باماجرا کہانیاں نہیں لکھی جا رہی ہیں، پچھلی دو دہائیوں میں ادب کے افق پر زور و شور سے ایسے کئی جدید افسانہ نگار نمودار ہوئے جنہوں نے قرۃ العین حیدر اور انتظار حسین کی پیروی کرتے ہوئے ایک ہی جست میں صفِ اول کا مورچہ جیت لینا چاہا۔ جدید کہانی کا نعرہ دراصل ان لوگوں کا دیا ہوا تھا جنہیں کہانی کے فن سے کوئی لینا دینا نہیں تھا جو مطالعہ یا برائے نام مطالعہ کے نام پر قارئین کو لفظی بازی گری میں الجھا کر، اندھے کانوں کی بھیڑ میں فلسفی اور دانشور کہلوانے کا خواب دیکھ رہے تھے۔ کہانی کی جگہ لمبے لمبے ڈیش، سوالیہ نشان اور پھوہڑ قسم کی خود کلامی نے لے لی تھی مثلاً میں؟ میں کون۔۔۔؟ شوق ہو تو کلام حیدری، علی امام، قمر احسن اور ان جیسوں کے، اس وقت کے افسانے دیکھ لیجئے، ان میں کچھ لوگوں نے بعد میں چل کر اچھے افسانے بھی لکھے جیسے قمر احسن وغیرہ اور کچھ وقت کی قبر میں دفن ہو گئے۔

دو ایک سال سے ہمارے یہاں ایک بار پھر افسانہ کو لے کر زور و شور سے بحث ہوئی ہے لیکن افسانہ کہاں ہے؟ وجود کے ریزے ریزے میں پیوست ہو جانے والا افسانہ، خود کو تلوار کی سی تیزی سے چیر ڈالنے والا افسانہ، زمین سے جڑا، زمین کے مسائل سے جڑا۔ ان رتھ یاتراؤں کی بھیڑ میں، فرقہ وارانہ دنگوں کی فضا میں اگر اردو افسانہ نگار سے ہم اسی زمین سے وابستہ افسانے کی توقع رکھتے ہیں تو کیا غلط رکھتے ہیں؟ یا یہ توقع ہی فضول ہے۔

آج ہمارے درمیان کے بہت سے افسانہ نگار نے افسانہ کو، فلسفوں کی آڑلے کر دو آدمیوں کے درمیان ہونے والا مکالمہ بنا رکھا ہے۔ افسانہ دو آدمیوں کے درمیان کا مکالمہ ہو سکتا ہے لیکن اس مکالمہ کو کہانی بنانے کے لیے بھی کہانی کار کو سوچنا پڑے گا اپنے مسئلوں میں زندگی پیدا کرنی پڑے گی نہ کہ بیکار قسم کے فلسفوں میں کہانی کو الجھانا پڑے گا، اور فلسفے بھی کیسے رٹے رٹائے، برسوں کے استعمال شدہ، یہ بیکار کی مغزماری تخلیق کار تنہا کمرے میں کیوں نہیں کرتا۔ بیکار قسم کے سوالات اسے اکیلے میں بور کرنے کے لیے کافی ہیں تو پھر انہیں صفحۂ قرطاس پر اتارنے کا جرم کیوں کیا جائے؟

میرے معزز دوست! مانیے یہ بھی جرم ہے، سنگین جرم ہم اردو سے کہانی کے نام پر اگر اس کی قبا اتار رہے ہیں، اسے ننگا کر رہے ہیں تو یہ سنگین قسم کا جرم ہی کہا جائے گا۔ اس قتل کے برابر درجہ دینا ہو گا۔ آیئے پھر اسی سوال پر لوٹ چلیں۔ ہم کیوں لکھ رہے ہیں؟

لکھنے کا جواز کونسا ہے؟

کیا کہانی کے ارتقاء کی اتنی صدیاں گزارنے کے بعد بھی یہ پوچھنا، خود کو ٹٹولنا بے معنی ہے کہ ہم کیوں لکھ رہے ہیں؟

سوغات شمارہ نمبر ۳ میں محمود ایاز نقش اول کے تحت لکھتے ہیں۔

"حسن عسکری کو ترقی پسند ادب سے تانبے کے زنگ آلود سکوں کی بو آتی تھی۔ مجھے مقاصد کے لفظ سے آتی ہے لہٰذا اعلیٰ مقاصد کا بھی کوئی سوال نہیں تھا۔ بس جی چاہتا تھا کہ لکھنے اور پڑھنے والے ایک کنبے کے افراد کی طرح کہیں مل بیٹھیں، ایک دوسرے سے مکالمہ قائم ہو۔ کبھی مل کے خوش ہولیں۔ کبھی لڑائی جھگڑا بھی کر لیں۔"

ادب کو اگر انہیں چند افراد پر مشتمل کنبہ بنایا جانا ہے تو ظاہر ہے اس کے آگے کچھ

کہنے کے لیے رہ گیا جاتا ہے۔ کیا واقعی ادب میں مقصد کا دخل نہیں ہونا چاہئے۔ چند لوگ بیٹھ گئے۔ لڑ لیا، خوش ہو گئے۔ باتیں کرلیں۔ نہیں جناب۔ نہیں۔ قطعی نہیں جناب۔ اگر ایسا ہے، اور اگر یہی کرنا ہے تو پھر تاش کی بازی کیوں نہ ہو۔ شطرنج کیوں نہ کھیلا جائے۔ ادب تو وہ آنکھیں ہیں جو پتھروں کو بھی کو چیر کر پانی نکالنے کا حوصلہ رکھتی ہیں۔ ادب تو وہ مقصد ہے جو زندگی کو سمت، سمت کو سفر، سفر کو منزل سے لگاتا ہے۔ خوش ہوتا ہے۔ ادب تو وہ عالمی انسانی نظریہ ہے جو کبھی محلوں کے اندر سے گزرتا ہے اور کبھی کوڑھیوں کے جھرمٹ میں بیٹھ کر ان کے مسئلے کو سنتا ہے۔ نہیں میرے بھائی ادب کو دو چار خبطی انٹلکچوئل کے درمیان کا مکالمہ مت بنائیے۔ نہ یہ اس قسم کا مکالمہ کل تھا، نہ آج ہے، نہ کل ہو گا۔ ادب زندگی اور مسائل کے درمیان ہی پلتا ہے، سنورتا ہے اور تخلیق پاتا ہے اور جب ان سے الگ ہوتا ہے تو ساحل احمد جیسوں کے حجرے میں بیٹھ کر اس طرح کے اناپ شناپ لکھنے لگتا ہے۔

بکری میں میں کرتی ہے۔

بکرا زور لگاتا ہے

کتے بھوکا کرتے ہیں

ہاتھی آتا جاتا ہے

یہ بات پہلے بھی اٹھائی گئی ہے کہ افسانہ اور قاری کے درمیان سے کہانی پھسل گئی۔ اب افسانہ لوٹ کر آرہا ہے مگر اب بھی وہ پوری طرح کہانی نہیں بن سکا ہے۔ میرے بھائی سوچنے کی ضرورت ہے کہ کہانی گم کیوں ہوئی؟ اب بھی ٹھیک سے لوٹی نہیں ہے تو کیوں؟

اس کا صرف ایک ہی جواب اور یہ جواب دینے سے ہم گھبراتے ہیں۔ جواب یہ ہے

کہ ہم لکھنا جانتے ہی نہیں۔ کہانیوں کی باریکی سے جزئیات سے ہماری واقفیت نہیں ہم ادبی بازیگری تو دکھا سکتے ہیں کہانی بن نہیں سکتے۔ کوئی کوئی کہانی اگر اتفاق سے اچھی نکل بھی آتی ہے تو اس کے ساتھ بہت سے اگر مگر لگے ہوتے ہیں کسی کو مکالمے ڈھنگ سے دینے نہیں آتے تو کوئی اچھی طرح کہانی بننے کا فن نہیں جانتا اور جو کہانی بننا جانتے ہیں وہ اپنے محدود زاویہ نظر کی وجہ سے بشیشر پردیپ بن کر رہ جاتے ہیں۔ آئیے ذرا ان چند برسوں کا جائزہ لیں کہ ہم نے واقعی کوئی بڑی (چلیے اچھی ہی مان لیجئے بڑی تو دور کی چیز ہے) کہانی لکھی ہے یا نہیں اس کام کے لیے سب سے پہلے ذہن میں چند نام کوندیں گے۔ بلراج منیرا، سریندر پرکاش (انہوں نے کلا کاری زیادہ دکھائی ہے) اقبال مجید کی "جنگل کٹ رہے ہیں" "پیشاب گھر آگے ہے" "معبر" وغیرہ (ان میں کہانی کم سلام بن رزاق زیادہ ہیں یا ان کی تقریریں) ابھی حال ہی میں سوغات نمبر ۳ میں محسن خاں کی ایک بڑی پیاری کہانی آئی "زہرہ" محسن اگر محنت کرتے تو "زہرہ" بڑی کہانی بن سکتی تھی لیکن ایک آنچ کی کمی نے اسے ہمارے معاشرے کی پردہ نشیں کمزور لڑکی کا ایک خوبصورت پورٹریٹ بنا کر چھوڑ دیا۔ عصری آگہی نمبر ۲ میں پیغام آفاقی کا "کو آپریٹو سوسائٹی" دوستوفسکی کے ایڈمیٹ کی یاد دلاتا ہے لیکن اس سے پیغام کی کہانی چھوٹی نہیں ہوتی۔

ذہن کو ٹٹولیے تو پچھلے دس پندرہ برسوں میں لکھے جانے والے انسانوں کے نام پر بس چند ہی نام زبان پر آکر رہ جاتے ہیں۔ ایسا کیوں ہے؟ یہ حقیقت ہے کہ زندہ افسانے وہی ہوتے ہیں جہاں کہانی اور کردار کے درمیان سے کہانی کا رہٹ جاتا ہے۔ ہمارے یہاں اردو کا کہانی کار نہیں ہٹتا۔ وہ سینہ ٹھوکتا رہتا ہے نہیں ہٹوں گا کیا کرلو گے۔ نتیجہ، پچھلے دس برسوں کے انتخاب میں اچھی طرح سوچ وچار کے بعد آپ شاید ہی پانچ اچھی کہانیوں کا انتخاب کر سکیں۔

مجھے لگتا ہے، کہیں نہ کہیں ان میں مدیر کی کمزوریوں کا بھی دخل رہا ہے — شمس الرحمن فاروقی کی علمیت اور قابلیت سے کسے انکار ہو گا۔ ان کا مطالعہ کس قدر وسیع ہے، سب جانتے ہیں۔ ظاہر ہے اچھے افسانہ کی تعریف ان کے پاس ضرور ہو گی۔ لیکن شب خون نے پچھلے دس برسوں میں اچھا کیا دیا؟ شاعر پابندی سے نکلتا رہا ہے۔ شاعر نے ادھر دس برسوں میں وہ کون سی زندہ کہانیاں دی ہیں جنہیں بھولنے میں برسوں لگیں گے؟ یہ بات شاعر، شب خون یا آج کل تک ہی محدود نہیں ہے۔ جو رسائل بھی پابندی سے نکلتے ہیں یہ بات سب پر لاگو ہوتی ہے۔ یہ ہمارے لیے بھی بے حد ضروری ہے کہ مدیروں کو ذرا ٹھہر کر سوچنے اور کچھ اہم فیصلے لینے کی ضرورت ہے۔

(۱) — ایک فہرست تیار کی جائے، بھرتی کے وہ نام جو چاہے مشہور ہی کیوں نہ ہو گئے ہوں اگر مسلسل واہیات لکھنے پر ہی مصر ہوں تو پھر ان کا ادبی بائیکاٹ ہو۔ انہیں رسائل میں جگہ دینا بند کیا جائے۔

(۲) — افسانے پر کھل کر باتیں ہوں۔ یہ خوشی کا مقام نہیں ہے، اگر یہ کہا جائے کہ برسوں بعد افسانے میں ماجرا کی واپسی ہوئی ہے۔ کہانی کہاں سے کہاں پہنچ گئی اور اتنے برسوں بعد اگر ہم اردو والے محض ماجرا کی واپسی کے اعلان سے خوشی منائیں، تو یقیناً یہ ہمارے لیے افسوس کا مقام ہے۔

ایسا نہیں ہے کہ ہمارے اردو کے نقادوں نے فکشن پر دھیان نہیں دیا۔ فکشن پر ہنگامے ہوئے۔ نئی نئی تعریفیں اور شرح سامنے آئیں اور اس شرح کے لیے جنگی ہتھیار کے طور پر نئے ماڈل کے کلاشنکوف کا استعمال بھی کیا گیا۔ کسی نے کہانی کو یوں لیا تو کسی نے ووں۔ کسی نے کسی افسانہ کی برائی کر دی تو دوسرے نے اس افسانہ کی تعریف میں زمین و آسمان کے قلابے ملا دیئے۔ نتیجہ، بات فکشن پر کم ہوئی۔ آپس کے مین میخ زیادہ نکالے

گئے کسی نے کیا کہا، پر زیادہ توجہ دی گئی اور اس بات پر زیادہ مغزماری کی ضرورت نہیں کہ اردو کہانی اگر پچھلی دو ایک دہائی سے نئی نئی تعریفوں کے چکر میں پڑ کر گھومتی رہی، تو اس میں قصور صرف لکھنے والوں کا ہے یا شمس الرحمن فاروقی کا بھی رہا ہے۔ ڈاکٹر محمد حسن کا بھی، افتخار امام صدیقی کا بھی یعنی ان تمام مدیروں کا جنہوں نے ایک خاص وقت میں فکشن کو اپنے اپنے پیمانوں میں قید کرنے کی غلطی کی، یا فکشن کی تعریف اس طرح سے لکھی کہ نئے لکھنے والوں نے تخلیق کو اس پیمانے پر سمیٹنے کا فیصلہ کیا ایک بات اور ہے کہ افسانے پر زیادہ کھوج نہیں یا ریسرچ کرنے والے فنکار بھی نہیں ہیں ایک ہی بار میں، یا جلدی جلدی لکھنے / لکھ ڈالنے کی جلد بازی سے بھی اچھی کہانی پر فرق پڑا ہے۔ ہم لکھنے سے قبل کوئی نوٹ بک نہیں بناتے۔ کہانی اور کردار کے ساتھ زیادہ نہیں گھومتے اور ادھ کچی پکی کہانی کو اتار لیتے ہیں۔ پھر خود کو صف اول میں دیکھنے کی کرتب بازی شروع ہو جاتی ہے۔

ہم نے ایک نئی صدی میں پاؤں دھرا ہے لیکن کیا لکھنے کا سفر ختم ہو گیا ہے۔ ایک نسل حسین الحق، عبد الصمد، سلام بن رزاق کی تھی، ایک نسل مشرف عالم ذوقی، خورشید حیات (اب یہ حضرات گمنامی کے اندھیرے میں کھو گئے) کی تھی۔ اس کے بعد والی نسل جن میں خورشید اکرم سہیل وحید وغیرہ کو شامل کر سکتے ہیں، کا ذرا جائزہ لیں، افسانہ چھوڑیں، افسانہ نگار دیکھیں، اسی نئی نسل نے کتنے افسانہ نگار پیدا کئے۔ ظاہر ہے، میری طرح آپ کے ہونٹوں پر بھی خاموشی ہی ہو گی کیوں کہ نام نہیں ہیں۔ تو کیا دس برسوں میں کوئی نیا نام ابھر کر سامنے نہیں آیا؟ جناب دس برس بہت ہوتے ہیں۔ پورے دس ان دس برسوں میں ہم ایک اہم اور مضبوط نام نہیں دے پائے تو پھر فکشن پر مسلسل ہونے والی بحثوں کو کیا نام دیا جائے؟ یہ بحثیں تو اب تک فکشن کی صحیح تعریف نہ سمجھ پائی ہیں۔ نہ کر پائی ہیں۔ صرف کاغذی باتیں رہی ہیں جہاں الجھاؤ زیادہ ہے۔ اردو افسانے پر بات ہو

گی تو ابھی بھی ہم منٹو، کرشن چندر، بیدی اور عصمت چغتائی سے زیادہ دور نہیں نکل پائیں گے۔ بہت آگے بڑھیں گے تو سہیل عظیم آبادی تک آ کر خاموش ہوں گے۔ یا غیاث احمد گدی مرحوم پر ہماری نگاہ ٹھہرے گی لیکن تسلی بخش ادب کے نام پر ہماری خاموشی ہی رہے گی۔

سوال اسی خاموشی کا ہے

اور اسی ٹھہرے سکوت کو توڑنا ہے لیکن یہ سکوت کیسے ٹوٹے گا اور کب ٹوٹے گا؟

خوشی ہوتی ہے جب قمر احسن "گولہڑ کے پھول" لکھتے ہیں۔ حسین الحق "گونگا بولنا چاہتا ہے" تک پہنچتے ہیں۔ لیکن گولہڑ کا پھول جہاں بند بند معاشرے میں گھٹ رہی ایک مظلوم لڑکی کی داستان سے زیادہ اٹھ نہیں پاتا۔ وہیں حسین الحق کے افسانے کا گونگا ایک بیحد معمولی علامت کے تار عنکبوت میں الجھا رہتا ہے۔ ہم مظلومیت اور خودسری کی داستانوں سے اس قدر آگے نکل گئے ہیں کہ اب جہاں معاشرے کی حد بندیاں ٹوٹی ہیں وہیں گونگے نے بولنا بھی سیکھا ہے اور محض گونگے کا بولنا کوئی بہت بڑی بات نہیں رہ گئی۔ لیکن اس لحاظ سے ک ہم نے ابھی ابھی تجریدی اور لایعنی علامتوں کی عمارتیں ڈھائی ہیں اور گونگے کی بازیافت کی ہے اس لحاظ سے ان نئی کہانیوں کی بیشک قدر ہونی چاہئے۔ ہاں، ہم کہانی کہنے لگے ہیں یا ماجرا بننے لگے ہیں، جیسے واقعات پر بہت زیادہ خوش ہونے کی ضرورت نہیں ہے اس لیے کہ ہم اس دور کی پیداوار ہیں جہاں مسائل کے بطن سے ایسی ایسی نایاب کہانیوں کے نکلنے کا یہ وقت ہے، جو کبھی وقت کے بہاؤ میں گم نہیں ہونگی، جو ہمیشہ زندہ رہیں گی ہمیں اپنے دور کو سمجھنا ہے۔ یعنی ضرورتوں کی پہچان کرنی ہے۔ پھر لکھنا ہے، پھر قلم اٹھانا ہے۔ ہم میں ہی کوئی منٹو ہے کسی میں بیدی کی تہہ در تہہ نفسیات چھپی ہیں۔ لیکن ابھی ہم خود کو پرکھ نہیں رہے۔ اندر کے منٹو کو ڈھونڈ نہیں رہے۔

افسوس یہ رتھ یاترائیں۔ یہ ایک اور تقسیم جیسے واردات، فرقہ وارانہ فسادات، آنکھوں آنکھوں میں ہوئی تقسیم، خود کا دوغلاپن، اگر ہماری آنکھیں ان واقعات میں کہانی نہیں ڈھونڈ پارہیں تو پھر ہمارے عہد کا تخلیق کار کہانی کہاں ڈھونڈ رہا ہے؟

اسے یہ سامنے کی رتھ یاترائیں نظر کیوں نہیں آرہیں؟

بھاگلپور، ملیانہ کے خون اسے کیوں نہیں دکھ رہے؟

اگر نظر آرہے ہیں اور وہ پھر بھی انجان ہے تو بیشک اسے اپنے قلم کو توڑ دینا چاہئے اور کبھی نہ لکھنے کی توبہ کر لینی چاہئے۔ اگر ایسا ہے تو یہ مان لیا جائے کہ ہم اس بدترین دور سے گزر رہے ہیں جہاں کہانی ہمارے درمیان سے واقعی پھسل گئی ہے یا غائب ہو گئی ہے۔

* * *